中国社会科学院创新工程学术出版资助项目

中国北方沿海地区
生态经济区划研究

STUDY ON THE ECO-ECONOMICAL
REGIONALIZATION
OF NORTHERN COASTAL AREAS OF CHINA

刘佳骏 著

社会科学文献出版社
SOCIAL SCIENCES ACADEMIC PRESS (CHINA)

基金资助

国家自然科学基金青年项目：京津冀城市群碳排放空间格局与影响机制研究（41401188）。中国社会科学院研究所青年项目："十三五"推进能源消费革命对策措施研究。

摘　　要

　　转变经济发展方式，大力发展循环经济和生态经济，建设资源节约型和环境友好型社会是党中央从当前中国经济发展的实际出发提出的重大战略。要实现经济又好又快发展，使科学发展观真正得到落实，和谐社会真正实现，必须大力推动循环经济、生态经济建设，促进资源节约型、环境友好型社会发展，实现生态－资源－环境－经济的和谐发展。

　　北方沿海地区位于中国东部沿海北部，区位特殊、资源丰富、工业密集、城市林立，不仅是中国传统的老工业基地，也是内地、沿海北部通往世界的重要大门。北方沿海地区是中国最早和最重要的重化工业基地之一，在其发展过程中，由于长期以加速资源的消耗和牺牲生态环境为代价，片面追求经济总量的高速增长，特别是改革开放以来乡镇工业的崛起，以及能源、原材料工业遍地开花式布局，该地区本已相当脆弱的生态环境进一步恶化。沿海地区要实现可持续发展，不能停留在 20 世纪的旧经济模式中，必须选择充满活力的绿色经济模式。绿色经济模式鼓励更高的资源利用效率，改善生态系统，实现更加公平合理、更加尊重劳动者权利的劳动就业形式。绿色增长模式既是当前世界经济摆脱危机的重要途径，也是今后沿海地区经济发展的正确道路。本书利用系统分析方法、GIS 空间分析和模拟方法，综合运用人文地理学、区域经济学、生态经济学、资源经济学、制度经济学等理论与方法，多学科交叉、综合，规范分析和实证分析相结合，定量分析与定性分析相结合对北方沿海地区生态经济区划进行实证研究，揭示北方沿海地区生态经济地域分异规律；在对北方沿海地区进行生态经济区划的前提下，找出各生态经济区所面临的问题，在分析不同生态经济区的生态－经济特征和矛盾的基础上，结合北方沿海地区产业结构调整和优化的目标及重点产业的选择，提出不同生态经济区的产业结构调整和优化的模式与对策，为北方沿海地区实现可持续发展提供科学依据。

本书研究的意义如下。首先，对区域生态经济系统的研究有一定的补充和促进作用；其次，对北方沿海新一轮区域发展战略与科学发展政策的制定具有重要意义，为沿海地区可持续发展提供科学支撑，也是对以人为本、全面协调可持续发展的科学发展观的实践和探索；最后，是对区域生态经济、经济地理等学科建设的有益探索和理论与方法上的创新。

通过研究北方沿海地区生态环境和社会经济分异规律与各生态经济区特征及其生态经济发展模式，主要得出如下结论。

第一，研究表明，北方沿海地区自然环境地域分异决定了社会经济地域分异的基本格局，海拔高度、水热条件、社会经济变化有很强的相似性，特别是气温、热量等值线的变化规律和海拔高度变化的一致性非常明显。海拔较低、地势相对平坦的地区，土地肥沃，水土资源匹配较好，开发历史悠久，是人类活动的主要地区；山区、水热资源缺乏的地区，人口分布稀疏，受相关自然条件制约，社会经济发展相对缓慢，分异图中经济总量、人口密度和地均产值等直接反映了生态环境和社会经济的分异规律一致性特征。

第二，北方沿海地区农业资源的地域组合决定着农业生产的地域分异，农业生产方式和发展水平的空间差异是自然环境的直接反映。光、热、水、土资源的不同组合对农作物的分布有着决定性的作用，加之人们对土地不同利用的长期作用，就形成了华北平原、辽河平原以及黄淮海平原各具特色的农业区域类型。

能矿资源的地域组合及开发决定了能矿工业基地和一些矿业城镇的地域分异。能矿资源的地域组合及开发构成了城市地域分异的重要基础，甚至决定了有些工业基地和城镇的形成，以唐山市为典型。

重要城市和经济较发达区域具有沿渤海沿岸和交通沿线扩展的点－轴式地域分异规律。点－轴模式是地域分异的主要形式之一。环渤海沿岸和交通干线集中了北方沿海绝大多数城市和经济集聚区，呈现点–轴式分异规律。较高层次地域多呈点状和条带状分布。点状地域主要分布的是一些工矿业城市，地域面积较小。条带状地域主要是环渤海湾，包括京沪、京九、京广、哈大、京沈、京包、石德、石太、胶济铁路沿线和京沈、京沪高速沿线。这些横纵条带状地域和环渤海沿岸构成北方沿海目前以京津冀、胶东半岛和辽中南三大城市圈为增长极的主要经济、社会网状发展区，也是未来北方沿海经济社会的主要扩展地区。

第三，北方沿海地区大部分为资源环境承载力超载地区。从空间上来说，严重超载地区主要是从首都北京和省会城市天津、石家庄、济南和沈阳及大型城市大连、青岛向周围地区蔓延，直至整个环渤海地区。未超载地区主要集中在北方沿海的北部地区，此部分地区人类活动强度较弱，其承载状况在预测期内极少变化。

第四，北方生态脆弱度总体上由水资源的丰裕程度决定，辽东半岛和山东半岛以及环渤海湾地区生态脆弱度较低，北部山区和华北平原中部缺水地区生态脆弱度较高。

第五，人类活动地域分异规律研究表明，北方沿海地区生态环境（尤其是海拔和水资源）对人类活动构成了显著制约：沿海和河流冲击平原地区，海拔较低，水资源丰富，人口集中且数量大，人类活动强度大；山地、沙地、丘陵，海拔高、自然环境恶劣，人类活动强度小。

第六，北方沿海地区人类活动强度较高的地区主要集中在京津唐都市圈、辽中南都市圈、冀西南部城市带、山东西南部城市群，该部分地区人口密集，经济发展主要以第二、第三产业为主，处于工业化中级或高级阶段，人类活动强度较高，人类活动强度指数高于2；城市边缘区、山东半岛东部地区人类活动强度趋中，人类活动强度指数处于1～2；河北北部和辽宁由平原向山区过渡地区人类活动强度较弱，人类活动强度指数低于1。

第七，北方沿海地区经济结构空间相关性，总体上由交通干线相联系，体现在区域内部经济发展程度相对接近的城市之间，其空间相互影响的作用相对更强。这说明，北方沿海地区内部的城市增长，在条件相当的城市之间具有很强的模仿和分工合作效应，其增长过程是相互促进的一个良性竞争过程。

第八，生态经济区划研究的结果表明，北方沿海地区生态经济类型复杂多样，应根据因地制宜、分类指导的原则确定不同生态经济区的发展模式。

目　录

第一章
绪　论

一　研究背景与意义

（一）研究背景

在我国经济迅速发展的同时，生态环境问题、不同层面的生态－经济不协调问题逐渐凸显。如何对各层面、各地区生态－经济状况进行系统分析，进行合理的生态经济划分，并研究、制定因地制宜的发展模式，使不同层面、不同区域的经济发展与生态环境相适应、相协调，为主体功能区的形成奠定基础，如何从理论上和实践上实现可持续发展的目标等，都是亟待解决的问题。

1. 国家宏观发展战略为发展生态经济提供历史机遇

国家宏观经济发展战略、产业结构调整战略和推进形成主体功能区战略为发展生态经济提供了难得的历史机遇。经济的高速发展，对资源提出了更大的需求，对生态环境的保护提出了更高的要求，也对各主体功能区提出了更高的要求。针对生态环境的约束性和经济快速发展的矛盾，党的十六届五中全会提出要"加快建设资源节约型、环境友好型社会，大力发展循环经济"。

我国"十二五"规划纲要明确提出未来五年经济结构战略性调整要取得重大进展。居民消费率上升，服务业比重升高和城镇化水平提高，城乡区域发展的协调性增强。经济增长的科技含量提高，单位国内生产总值能源消耗量和二氧化碳排放量大幅下降，主要污染物排放总量显著减少，生态环境质量明显改善。资源节约和环境保护等方面提出的约束性指标，要求落实责任，确保科学发展成为"十二五"规划的主题，意味着未来五年中国在相关评价体系、长效机制、具体政策等方面将发生重要调整和变化，会更加重视质量效益、结构优化、节约环保、民生改善、社会公正。

我国"十一五"规划纲要明确提出在全国范围内推进形成主体功能区，保证区域经济发展和生态环境相协调。在十七大报告中，胡锦涛同志明确提出要"转变经济发展方式，大力发展循环经济和生态经济，大力发展环境友好型和资源节约型产业"，"加快经济结构战略性调整，切实建设资源节约型、环境友好型社会，继续实施区域发展总体战略"，"大力推动循环经济、生态经济建设，促进资源节约型、环境友好型产业发展，实现生态－资源－环境－经济的和谐发展"。在2008年政府工作报告中，温家宝同志提出要"进一步推进经济结构调整，转变发展方式，推进产业结构优化升级，促进区域协调发展，鼓励和支持发展循环经济、生态经济，促进资源节约型、环境友好型社会发展"。

从中央到地方，转变经济增长方式，建立资源节约型、环境友好型社会，形成主体功能区划已成为共识，如何实现生态－资源－环境－经济的协调发展，如何实现可持续发展，如何形成符合国情的主体功能区已成为各级政府和整个社会关注的焦点。循环经济、生态经济、主体功能区划已成为国家基本战略。

2. 中国经济发展面临着前所未有的生态环境挑战，亟须转变经济增长方式

改革开放至今是中华民族历史上最辉煌的时代，也是最值得骄傲和自豪的时代，然而，这些成绩的取得，也付出了高昂的代价，特别是自然资源的超常规利用和生态环境的超常规损失。

多年以来，中国的主要污染物排放总量居高不下，环境污染相当严重。2004年，流经城市的河段有90%受到严重污染，75%的湖泊出现了富营养化，有近3亿农村人口在饮用不合格的水；有1/3的城市人口生活在严重污染的空气环境中，一些城市的大气质量已接近国外发生公害事件的污染程度；酸雨区已占国土面积的1/3，成为世界三大酸雨区之一；全国城市垃圾年清运量在 1.49 亿吨以上，而无害化处理不足 20%；工业危险废物每年产生 1100 多万吨，处置率仅为 32%。中国的沙化土地已达 174 万平方千米，每年还要新增 3436 平方千米；森林质量不断下降，天然林不足 10%；90% 以上的天然草原退化，每年还要新增 200 万公顷；石漠化和水土流失仍然严重（国家林业局，2006）。总体上看，发达国家上百年工业化过程中分阶段出现的环境问题，在中国快速发展的 20 多年中集中出现，具有强度大、复合型和压缩型特点。环境问题已经严重影响我国的饮水、空气、食物安全。

中国的缺水问题目前和今后相当长时期都将十分严重。目前，中国有 2/3 的城市供水不足，年缺水总量在 60 亿立方米以上。中国水资源总量占全球淡水总量的 5.77%，但人均水资源占有量却处于低水平。根据世界银行的数据，中国人均水资源占有量只相当于世界人均水资源占有量的 1/4。而且，中国的水资源利用水平低、浪费严重，水污染非常严重，更加剧了水资源的短缺。中国工业用水效率总体水平与世界先进水平相比悬殊，每万元工业增加值取水量为发达国家的 3～7 倍；工业用水重复利用率只有发达国家的一半多。从土地资源看，一方面，中国人均占有土地和耕地面积只有世界人均水平的 1/3 和 2/5，另一方面，浪费和破坏土地资源现象又十分严重。

随着中国全面建设小康社会和加快推进现代化建设，工业化、城镇化进程将进一步加快。工业化中期的阶段特征是资源、能源的消耗强度高，因而有可能需要比工业化初期更高的资源和能源消耗的增长率，产生难以修复和逆转的复合性环境污染。因而，中国如果不优化产业结构和地域结构，加快经济增长方式和发展战略模式的转变，切实实施可持续发展战略，走生态经济之路，中国的经济、社会和生态环境安全，以及可持续发展都将面临严峻的考验。

3. 北方沿海地区发展生态经济意义重大，影响深远

北方沿海地区的京、津、冀、辽、鲁五省市地跨北纬 34 度 22 分至北纬 43 度 26 分，东经 113 度 4 分至东经 125 度 46 分，大部分地区位于华北平原，为暖温带大陆性季风气候，东部的辽东半岛和山东半岛多丘陵，对夏季风有一定的阻挡作用。本区四季分明，夏季炎热、冬季寒冷；降雨多集中在夏秋两季，冬季和春季比较干旱，多风沙。北方沿海地区是中国北部沿海的黄金海岸，在中国对外开放的沿海发展战略中发挥着极为重要的作用。作为继珠江三角洲、长江三角洲之后的第三个经济增长板块，国家对北方沿海地区今后的发展寄予了极高的期望。然而，该地区加剧的环境污染问题，却越来越成为其经济发展的巨大阻力。

本书的研究区域包含京津冀都市圈和工业比较发达的辽宁省及经济人口大省山东。从全国范围看，这一地区人口密度很大，经济发达，人类活动频繁剧烈，对周围生态环境影响很大，北京市和天津市等大城市及其周边地区最为明显，此外沈阳、唐山、秦皇岛、济南、青岛等城市人类活动也很频繁。

生态环境为经济发展提供物质原料和环境，而经济发展又反过来促进生态环境的建设和保护。北方沿海地区在较长时间里只关注经济发展而不注意生态经济保护，造成生态恶化和脆弱，最终导致经济发展缓慢和贫困。北方沿海地区生态环境脆弱和恶化的原因是多方面的。地质、地貌、气候、植被和土壤等自然条件是构成生态环境的基础，是形成生态问题的决定因素，但是剧烈的人类活动及其对区域生态环境的破坏，不容忽视。人口增长给生态、经济带来恶性循环（见图1-1）。

北方沿海地区一直是我国重要的经济发展区，有着包括海陆交错带、农牧交错带、平原、山地、丘陵、湿地、草原在内的多样生态系统。从历史上看，该区气候适宜，人口密集，为传统的农业区，许多平原、丘陵已被改造为典型农业生态系统。改革开放以来，随着传统工业大省辽宁、京津冀都市圈、天津滨海新区的建设，该区已成为我国重要的现代工业、服务业和农业经济区。人类活动对生态系统的影响进一步加大。从这个意义上说，分析研究该地区的生态经济区划，对于认识其生态系统状况和人类活动对生态系统的影响，指导当地可持续发展有着重要意义。

（二）研究区域典型性分析

北方沿海地区行政区包括辽宁、河北、北京、天津、山东三省两

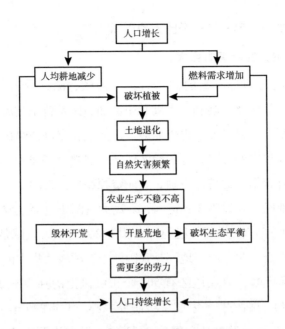

图 1-1　人口增长给生态、经济带来恶性循环

市①及渤海海域。北方沿海三省两市海岸线共约 5800 千米，占全国的 1/3。
30 多个大中小城市渐次相连，70 多个大小港口星罗棋布。该区土地总面积
约为 52.19 万平方千米，占全国陆地面积的 5.49%，人口平均密度为 501
人/平方千米，是中国北方最重要的政治、经济、文化以及国际交往中心，
在全国的区域经济发展中发挥着集聚、辐射、服务和带动作用，在北方经济
的发展中有不可替代的重要地位。目前，北方沿海地区已经成为继珠江三角
洲和长江三角洲之后的中国经济发展的第三极，被经济学家喻为实现中华民
族伟大复兴的"三驾马车"之一。

　　北方沿海地区大城市相对密集，拥有 200 万人口的超大城市有 10 个，
100 万~200 万人口的特大城市有 13 个，50 万~100 万人口的大城市有 17
个。这些大城市以及京津冀、山东半岛、沈阳和大连等城市密集区中，密集

---

　　① 北京市辖 14 个区、2 个县；天津市辖 13 个区、3 个县；河北省现辖 11 个地级市、36 个市
　　辖区、22 个县级市、108 个县、6 个自治县；山东省现辖 17 个地级市、49 个市辖区、31 个
　　县级市、60 个县；辽宁省现辖 14 个地级市、15 个县级市、20 个县、9 个自治县、56 个市
　　辖区。

的人口与城市本身就形成了一个巨大的市场。

1. 资源丰富，发展潜力巨大

北方沿海地区拥有丰富的矿产资源，如铁、硼、滑石、镁、铜、铝、锌、磷、石墨等。华北、胜利、大港和中原油田以及曹妃甸海上油田，为北方沿海地区乃至全国经济发展提供血液。山西蕴含丰富的煤矿资源，煤矿资源在河北和辽宁也有所分布，为该地区经济发展提供了强大的物质基础。同时，渤海湾还有着丰富的海洋资源、农业资源和旅游资源。

北方沿海地区总人口为 2.6 亿人，劳动力资源丰富而且成本较低，分别是珠江三角洲和长江三角洲地区的 1/3 和 1/2，可以大大降低企业的成本，更有利于吸引投资。北方沿海地区是我国智力资源较为集中的地区，北方沿海地区有 300 所大学，北京地区有 503 个市级以上的独立科研机构、62 所高校，天津有 40 所高校和多家国家级研究中心。北京的知识密集度是全国平均水平的 6.06 倍，天津是全国的 2.83 倍，仅京津两大直辖市的科研院所、高等院校的科技人员就占全国的 1/4。科技优势为创新发展和产业结构优化提供了得天独厚的条件。高素质的人才和先进的科技能够为经济发展提供强大的科技和智力支持。

2. 区位优势明显，是我国对外开放的门户

北方沿海地区位于中国东部沿海北部，区位特殊、资源丰富、工业密集、城市集聚，不仅是中国传统的老工业基地，也是内地、沿海北部通往世界的重要大门。北方沿海地区包括以沈阳 – 大连为轴心的辽东半岛地区、以北京为中心的京津冀地区、以济南 – 青岛为轴心的山东半岛地区。这三条轴线地带，形成对华北、东北、西北地区的强大辐射网。该地区依托其广阔的腹地和区内市场以及便捷的交通枢纽条件，已发展成为中国规模较大、较为发达和成熟的现代物流中心和消费市场区之一。北京、天津两大直辖市，直接受惠于国家倾斜性政策，具有发展经济的良好条件。

具备独特地缘优势的北方沿海地区位于我国华北、东北、西北三大区域的接合部，是我国北方进入东北亚、走向太平洋的最便捷的门户和对外通道，又是连接内陆和西亚、欧洲的亚欧大陆桥的重要起点之一，处在"东来西往、

南联北开"的重要位置。该区以北京、天津为中心，以大连、青岛、烟台、秦皇岛等沿海开放城市为前沿窗口，以沈阳、石家庄、济南等省会城市为区域管理支点，形成中国北方地区最重要的集经济、文化、政治等功能于一体的外向型密集城市群，在我国北方经济发展格局中发挥着重要的聚集、辐射和服务作用。20世纪90年代以来，北方沿海地区已经发展成为继"珠三角"和"长三角"之后中国经济格局中的第三极。与此同时，北方沿海地区处在东北亚经济圈的核心位置，东面与韩国和日本呼应，北面与俄罗斯远东地区和蒙古国相呼应，是对外开放的重要门户之一。北方沿海地区区位如图1-2所示。

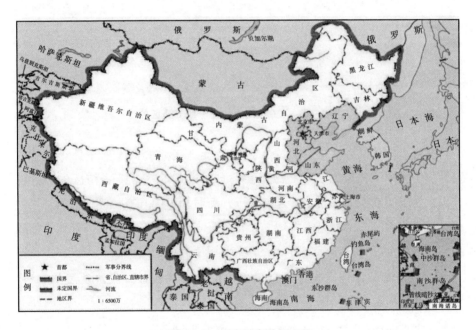

图1-2 北方沿海地区区位

北方沿海地区交通便利，四通八达（见图1-3）。铁路以北京为中心，纵横交错，公路则以京津塘、京沪、京沈、沈大等高速路为骨架，形成密集的三级公路网络。区域内分布着一大批港口和机场，高效连接着国内外的人流与物流。从天津港经北京、山西大同、内蒙古二连浩特入蒙古国，经乌兰巴托北入俄罗斯与西伯利亚大铁路接轨，到布列斯特分流，西抵鹿特丹港的大陆桥运输线是距离最短、所经过地区较发达、资源最丰富的路线。

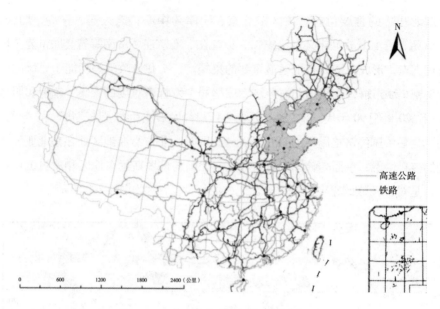

图 1 - 3   北方沿海地区主干线交通区位

北方沿海地区在我国参与全球经济及促进南北协调发展中处于重要位置，位于太平洋西岸的北方沿海地区是日益活跃的东北亚经济区的中心部分，也是中国欧亚大陆桥东部起点之一。新时期中国北方经济结构调整集中在以京津冀为核心的北方沿海地区，将与日本、韩国产业继续向外转移形成互动，其联合趋势将为北方沿海经济区发展提供更多的机会。

3. 经济基础雄厚，但沿海地区经济发展方式粗放，经济发展与资源、生态环境矛盾突出

北方沿海地区是中国最主要的城市和工业集聚区之一。2012 年，该地区人口总数达到 25372 万人，占全国总人口的 16.83%；GDP 为 80125.72 万亿元，占全国的 25.80%；工业生产总值为 38625.7 万亿元，占全国的 28.21%。在工业方面，北方沿海地区是中国最大的工业密集区，是中国的重工业基地，拥有一大批具有重要战略地位的大型企业。该地区是我国重要的农业基地之一，耕地面积达 2656.5 万公顷，占全国耕地总面积的1/4强，粮食产量占全国的 23% 以上。同时，北方沿海地区已成为继珠江三角洲、长江三角洲之后的我国第三个大规模区域制造中心。依托原有工业基础，北

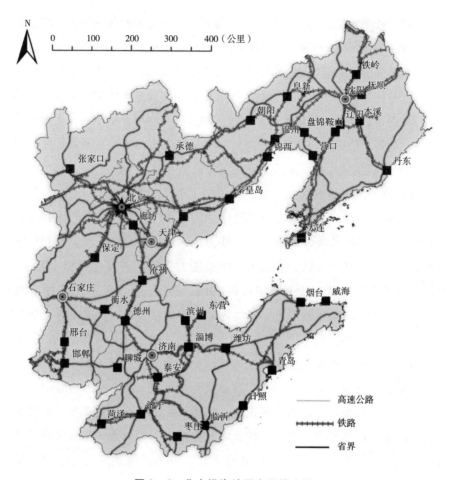

图 1 - 4 北方沿海地区主干线交通

方沿海地区不仅保持了钢铁、原油、原盐等资源依托型产品优势，而且新兴的电子信息、生物制药、新材料等高新技术产业也发展迅猛。

随着中国经济持续稳定的增长，北方沿海地区已进入以中心城市为核心的多层次、多功能城市体系发展阶段，形成了以京津冀为经济核心区、以辽东半岛和山东半岛为两翼的区域经济共同发展大格局。

4. 北方沿海地区资源和生态环境形势严峻，新一轮沿海发展模式亟待转变

北方沿海地区是中国最早和最重要的重化工业基地之一。由于长期以加速资源的消耗和牺牲生态环境为代价，片面追求经济总量的高速增长，特别是改革开放以来乡镇工业的崛起，以及能源、原材料工业遍地开花式布局，该地区本已相当脆弱的生态环境进一步恶化。这主要表现为：地表水体水质进一步恶化，大部分地表水为四、五级，甚至超五级，并波及地下水和近海海域；城市大气污染严重，直接影响居民身心健康；固体废弃物积存量增加，土地沙化和次生盐渍化等土地退化现象日渐加重；海水入侵、近海赤潮和沿海地区的风暴潮出现频率显著增加。生态破坏、环境污染的形势相当严重。

（1）北方沿海地区面临严峻的资源和生态环境形势。

北方沿海地区经济发展和生态环境之间的矛盾日趋尖锐，严重制约着北方沿海地区的可持续发展。第一，土地退化，耕地资源、森林资源和生物资源锐减，生物多样性降低，导致水土保持能力下降，沙漠化面积不断扩大。第二，海洋资源日益减少，环境日益恶化。第三，能源、矿产资源严重短缺。第四，大气污染不断加重，水体污染范围日益扩大，人类生存必需的洁净空气和淡水资源受到了严重的威胁。第五，气候变化影响深远，"温室效应"所带来的全球变暖和海平面上升已成为世界关注的重大问题。

首先，水资源严重短缺，水资源总量严重不足。北方沿海地区自产天然水资源总量仅占全国的1/30，其人口、耕地面积却占全国的1/6。水资源与人口、耕地的矛盾非常尖锐。目前北方沿海地区内相当大一部分区域都处于缺水状态。中国人均径流量为2200立方米，北方沿海地区人均水资源量大部分低于500立方米/年，海滦河流域是全国水资源最紧张的地区，人均径流量不足250立方米。其中，天津、青岛、连云港、上海的人均占用量甚至低于200立方米/年，已处于十分严重的缺水状况。

其次，生态环境质量日益恶化。2009年北方沿海经济圈发生环境污染事故与破坏事故49次，其中水污染22次，大气污染17次，固体废弃物污染7次。据国家海洋局统计，渤海的入海排污口共105个，2007年入海污水量为28亿吨，占全国排海污水总量的32%；各类污染物质为70多万吨，占全国入海污染物质总量的47.7%。同时，由于海洋捕捞强度的不断增大以及环境污染的日益加剧，渤海生态系统也遭到破坏，生物群落生产力下降，渔业资源严重衰退。石油勘探开发、船舶污染等活动以及赤潮、风暴潮、海浪、海冰、海岸侵蚀等海洋灾害进一步加剧了渤海环境质量恶化的趋势。

2009年渤海东部海域无机氮大气沉降通量约为1.55吨/（平方千米·年），明显高于欧洲北海大气沉降通量［约为0.91吨/（平方千米·年）］。大气中的氮主要来源于畜牧业、氮肥的生产和使用以及化石燃料的燃烧。

最后，海岸侵蚀严重。海岸侵蚀严重，给大连、秦皇岛、烟台、青岛等滨海旅游城市带来很大危害。秦皇岛市海岸线长124.3千米，市区海湾段近年来受海水侵蚀后退；北戴河海滨浴场由于受到海水侵蚀，滩面变窄；山东烟台套子湾海岸，在1992年16号风暴潮袭击期间，海岸侵蚀后退6～8米。

（2）高强度的开发加大近岸海域环境压力，新一轮沿海发展模式亟待转变。

辽宁沿海经济带、河北曹妃甸经济区、天津滨海新区、青岛高新区等北方沿海地区新一轮开发正在展开，沿海城市群由于工业化和城市化，工业和生活废弃物排放强度增大，同时，新一轮开发给近岸海域资源和生态环境带来更大的压力，使沿海地区面临严峻的资源和生态环境形势。所以，新一轮沿海开发模式亟待转变。应逐步突破行政区划界限，促进生产要素合理流动和优化配置；统筹区域重大基础设施建设，提高共建共享、互联互通水平，促进区域一体化发展。坚持集约发展，依托资源条件、产业基础和港口优势，以市场为导向，打造特色突出、竞争力强的产业集群，提高集约化规模和水平。坚持保护环境、持续发展，加强生态建设，开展清洁生产，推进节能减排，加大污染治理力度，实现北方沿海地区可持续发展。

（三）研究意义

本书目的在于通过对北方沿海地区生态经济区划的实践研究，探索区域生态经济分区理论和方法，探讨北方沿海地区生态经济发展模式，为北方沿海地区生态经济建设提供科学依据。

本书研究的意义主要如下。

第一，对区域生态经济系统的研究和实践有较强的推动和补充作用。本书对北方沿海地区生态经济格局和生态经济发展模式的研究，有助于区域生态经济系统的发展和完善，为类似地区提供借鉴，丰富区域生态经济研究的理论和内涵。

第二，对北方沿海新一轮区域发展战略与科学政策的制定具有重要意义，为沿海地区可持续发展提供科学支撑。对北方沿海地区进行实地调研和空间效应分析，揭示北方沿海地区生态经济地域分异规律，可以为制定北方沿海地区生态环境保护与建设规划、维护区域生态安全以及合理利用资源与调整工农业生产布局、保护区域生态环境提供科学依据，也可以为资源开发、产业布局、灾害防治、环境综合整治、生态恢复建设及经济发展分区管理提供科学依据，对实现北方沿海地区可持续发展具有深远的指导意义。

第三，为区域可持续发展、区域生态经济、经济地理等学科建设提供有益探索和理论与方法上的创新。对北方沿海地区生态经济系统各要素间相互联系、相互作用的分析和生态经济区划指标与模型的研究，可以为区域可持续发展、区域生态经济、经济地理等学科建设提供有益探索和理论与方法上的创新。

二 国内外相关研究综述

生态经济区划是实现区域分区管理以及区域生态、经济协同发展的基础。通过生态经济区划，明确北方沿海区域生态经济的结构、功能特征，生态经济问题及其产生原因、发展方向和目标，为因地制宜地提出不同生态经济区产业结构调整对策提供科学依据。

（一）研究回顾与述评

生态经济区划是实施区域生态环境和经济分区管理的基础和前提，是根据区域生态环境要素、生态环境敏感性、生态服务功能与经济功能空间分异规律，全面考虑包括自然因素和人为因素在内的生态因子，同时强调生态学基础和经济发展规律，将区域划分成不同生态经济区的过程，是在以往单一的区域生态区划或经济区划难以解决使自然系统和社会经济系统协同、持续发展难题的背景下提出来的，是在自然区划、经济区划以及生态功能区划的基础上发展起来的。

1. 区划的概念及其科学基础

（1）区划的概念。

所谓区划，就是区域的划分。根据对象和性质，可将区划分为行政区划、经济区划、人口区划、生态区划和自然区划等类型。具体来说，区划是指以地理空间为对象，按照区划要素的空间分异特征，基于一定的目的、原则、标准和方法，将特定地理空间划分为不同层级结构的区域单元。

区划的任务是根据一定研究目的，按照各区域单元特征的相对一致性和区域间的差异性，将地理空间划分为不同区域，并按区域内部的差异划分出具有不同特征的次级区域，从而形成反映区划要素空间分异规律的区域等级系统。

（2）区划的科学基础——地域分异规律。

地域分异规律是区划的理论基础。自然地理环境各组成部分及整个自然综合体，按照确定的方向发生分化，形成多级自然区域的现象，称为自然地理环境地域分异。制约或者支配这种分异的规律，称为地域分异规律。

热量分带和构造分区是基本地域分异规律的典型表现，它们构成了不同形式的地域分异基础。在地球表面，由于太阳辐射沿纬度方向分布不均及与此相关的自然要素（气候、植物、土壤等）大致沿纬度有规律地分异而产生南北向分化（纬度地带性）。海陆分布导致大陆东西两岸与内陆干湿程度的差异，自然要素大致由海向陆（经线方向）发生有规律的东西向分化（经向地带性）。在上述两种因素的综合作用下，地势高度不同，地表热量和水分重新分配，又导致自然要素大致沿等高线方向延伸，随地势高度发生垂直更替（垂直地带性）。纬度地带性、经向地带性与垂直地带性相互叠加、相互作用，共同支配着自然地理环境的地域分异。

地球表面由于受各种地域分异规律的综合作用，其各部分的自然地理特征具有明显的地域差异。地域分异不仅存在于自然地理环境中，在经济和社会、人文诸方面均有表现，其中自然地域分异是地理环境的背景，经济、社会、人文地域分异则在此背景下发生，自然地域分异往往是整个地理环境分异的主导因素。

2. 生态经济区划演进回顾

生态经济区划是实现自然生态系统与人类经济系统功能协调演进的综合区划，它强调生态学基础和经济发展规律，全面考虑包括自然因素和人为因素在内的生态因子，根据自然、社会、经济因素的特点及其内在联系所构成的空间组合形式的相似性和差异性，划分不同类型、不同等级的生态经济单元。自产生以来，区域生态经济功能区划经历了以下发展历程。

（1）国外区划的产生与发展。

区划是随着人类对自然界认识的逐步提高而提出来的。国外区划工作可以追溯到 18 世纪末 19 世纪初。地理学区域学派的奠基人赫特纳（A. Hettner）指出，区域就其概念而言是整体的一种不断分解，地理区划就是将整体不断地分解成部分，这些部分必然在空间上互相连接，而类型则是可以分散分布的。霍迈尔（H. G. Hommeyer）也提出了地表自然区划和区划主要单元内部逐级分区的观念，开了现代自然地域划分研究的先河。1899 年，俄国地理学者道库恰耶夫（Dokuchaev）根据土壤地带性发展了自然地带学说，指出"气候、植被和动物在地球表面的分布，皆按一定严密的顺序，由北向南有规律地排列，因而可将地球表层分成若干个带"。1905 年，英国地理学者赫伯森（A. J. Herbertson）提出了世界自然区划的方案。1926 年，英国地理学者罗士培（P. M. Roxby）提出自然类型区划概念。上述研究丰富了自然区划理论，但由于认识的局限性和调查研究的不充分，区划工作主要停留在对自然界表面的认识上，缺乏对自然界内在规律的认识，区划指标也只采用气候、地貌等单一要素，划分结果还属单要素区划。

20 世纪 40 年代，应政府和农业部门的要求，俄国学者开展了综合自然区划研究，对综合自然区划理论和实践进行了较为系统的研究和总结。A. A. 格里哥里耶夫院士和布迪科（Budyko）提出了辐射干燥指数概念，并概括了全球陆地的自然地带周期律。1968 年，莫斯科大学地理系出版了《苏联自然地理区划》一书。

与此同时，生态区划研究也有了较大发展。美国学者贝利（Robert G. Bailey）认为区划是按照其空间关系来组合自然单元的过程，并将地图、尺度、界线和单元等工具或概念引入生态区划中。1976 年，贝利首次提出了生态区划方案，他从生态系统的观点出发，按地域（Domain）、区（Division）、省（Province）和地段（Section）4 个等级对美国生态区域进行了划分，并编制了比例尺为 1∶750 万的美国生态区域图。1989 年，他进一步编制了世界生态区域图。此后，各国学者对生态区划的原则、依据、指标、等级和方法进行大量研究和讨论，并在国家和区域尺度上进行各种生态区划。Omemik 对美国进行了生态区划，并对生态区（Ecoregion）和生态亚区（Subecoregion）划分进行了较详细的论述。

总体来说，多数研究主要从自然生态要素出发，以自然生态系统的地域划分为对象，很少考虑人类在生态系统中的作用。近年来，由于人口、资源、环境等问题日益显现，以前各类自然区划的局限性也受到关注，区划工作出现了若干新趋势。一方面，继续探讨区划理论方法，深化对人地系统及其地域分异规律的认识，构建更完善的区划体系。另一方面，区划研究开始重视人口、资源、环境和发展问题。

（2）国内区划的发展及研究进展。

我国区划思想的萌芽可追溯至春秋战国时期的《尚书·禹贡》。《尚书·禹贡》依据自然环境中河流、山脉和海洋等自然界线，把全国划分为九州，带有清晰的区划思想，是世界上最早的区划研究著作之一。20 世纪，我国区划研究大致以 1950 年为界，其前为起步阶段，其后为全面发展时期。20 世纪末至今，区划工作步入综合区划研究阶段。

①区划研究的起步阶段。20 世纪 20～30 年代，我国学者已开始研究区划。1929 年，竺可桢发表的《中国气候区域论》标志着我国现代自然地域划分研究的开始。1940 年，黄秉维首次对我国植被进行了区划。1947 年，李旭旦发表了《中国地理区域之划分》。这期间，张其昀（1926，1935）、李长傅（1930）、罗士培（P. M. Roxby，1922）、葛德石（G. B. Cressey，1934，1944）等学者也从区划的地域分异规律方面对我国的自然区划进行了研究。这一时期受客观条件和基本资料的限制，所制定的区划方案大多比较简单，大多是专家集成的定性工作。以单要素为主的部门自然区划较多。区划研究也缺乏对区划理论与方法的深入探讨，没有按照自然综合体的发生发

展与区域分异规律，拟定比较严密的原则和方法，并据此进行综合自然区划。但这些开创性研究为我国区划研究奠定了必要的基础。

②区划研究的全面发展时期。20 世纪 50 年代，由于经济建设的需要，我国明确提出区划要为农业生产服务，并组织了三次规模较大的全国综合自然区划研究和方案拟订工作，完成了一批重大成果。林超、罗开富、黄秉维、任美锷、侯学煜、赵松乔、席承藩等先后提出了全国综合自然区划的不同方案，探讨了综合自然区划的方法论问题。这期间全国性综合自然区划和部门区划工作全面开展，省区级的区域研究和各类部门区划工作也在全国展开。

20 世纪 50 年代以来，我国学者对综合自然区划的方法论与应用实践进行了全面系统研究，并在自然地理地带性和地域分异规律理论研究方面取得重大成果。1954 年，林超的《中国自然区划大纲》和《中国综合自然区划界线问题》等重要论文，对我国综合自然区划起了奠基作用。黄秉维的《中国综合自然区划》方案揭示并肯定了地带性规律的普遍存在，并建立了经典的区划方法论，推动了全国和地区自然区划工作的深入。其后，在各省（区）和特殊地理单元进行的自然区划，使自然地域分异规律作为自然区划最基本的理论依据得到充分反映。

随着经济发展以及人类活动的增多，资源和生态环境退化现象日益严重，经济发展和环境间的矛盾日益突出，改善生态系统和实现可持续发展理念受到关注。20 世纪 80 年代以来，国内学者在区划中引进生态系统观点、生态学原理和方法，对生态区划的原则和指标进行了一般性讨论。侯学煜（1988）出版的《中国自然生态区划与大农业发展战略》是这一阶段生态区划的代表性成果，该书对自然生态区划的原则和依据进行了讨论，并首先依据温度的差异将我国划分为 6 个温度带，在此基础上根据生态系统的差异将我国划分为 22 个生态区，并依据各生态区的自然资源特点，提出各区的农业发展方向。刘国华等（1998）、傅伯杰等（1999）进行了全国生态区划的相关研究。杨勤业等（1999）进行了全国生态地域的基本分区研究。傅伯杰等（2001）提出了全国生态区划，将全国划分为 3 个生态大区、13 个生态地区、54 个生态区。该区划充分考虑了生态系统的服务功能和敏感性，人类活动对自然生态系统的影响和改造等因素，为认识我国生态环境特征提供了依据，也为各区域进一步深入开展区域生态功能区划奠定了基础。2000年以来，全国各省（区、市）也先后开展了本省（区、市）的生态功能区划。生态区划是综合自然区划的深入，它是从生态学的视角诠释区划的。

与综合自然区划相呼应，气候区划、水文区划、植被区划、农业区划、交通区划等部门区划研究亦同期展开。经济区划研究虽起步较晚，但 20 世纪 80 年代以来，因国家需求而得到迅速发展。我国经济区划产生过多种方案，除传统的六大经济协作区和三大地带之外，还有"五分法""六分法""七分法""十分法"等（赵济、陈传康等，1999；刘再兴，1995；陈栋生，1986；杨树珍，1990）。总体来说，20 世纪后半叶我国的区划研究主要服务于农业生产，20 世纪 80 年代起兼顾为农业生产与经济发展服务，20 世纪 90 年代起，区划的目的则转向为可持续发展服务。这一时期以自然区划为主，经济区划研究相对薄弱，未能将自然区划和经济区划很好地结合起来，对区域可持续发展的研究有很大的局限性。

③综合区划研究阶段。区域性和综合性是地理学最鲜明的特征。综合研究通常从过程、类型与区域三个不同角度与层次来研究地理环境，它需要阐明地理环境的整体、各组成要素及其相互间的结构功能、物质迁移、能量转换、动态演变和地域分异规律。具体到区划工作，则是要进行综合区划研究。过去 50 年，我国地表宏观格局、资源环境格局和社会经济发展格局发生了显著变化。与此同时，全球环境变化与全球化对我国的可持续发展和国家安全带来了新的机遇和挑战。20 世纪 90 年代以来，越来越多的学者意识到将自然和经济、社会两个要素结合进行区域综合划分的重要性。20 世纪末，黄秉维倡导在充分研究自然地域分异的基础上，逐步加强自然与人文的跨学科研究，并认为已有区划方案（包括一些部门区划）已不适应新的发展形势的需要，考虑自然、人文要素的综合区划研究成为必然，并于 1997年正式提出了综合区划的概念。

目前，我国综合区划研究处在起步阶段。随着社会经济的发展与科学技术的进步，我国已积累了丰富的系统观测资料，综合自然区划、部门自然区划与生态区划的研究也获得了很多成果，全球对地观测系统（包括卫星、遥感、地面台站观测等）、地理信息系统、全球定位技术以及计算机技术的广泛应用，使得更深入和综合地认识我国地域系统的分异规律成为可能，将赋予综合区划新的内涵。集成自然与人文要素的综合区划将是当前区划研究的一个新的生长点。

3. 生态经济区划的产生

经济活动与生态环境密不可分，经济与生态的相互协调是区域可持续发展的基础。区域内的各种生态、经济因子相互联系、相互制约，通过一定的生态－经济过程，形成特定的结构和功能，同时具有自然因子和人文因子综合作用属性的综合体，即区域生态经济系统。

生态经济区划是以区域生态经济系统为对象，以生态经济学理论和地域分异规律为指导，在对区域生态经济系统的生态－经济要素组合、生态－经济过程等分析的基础上，根据区域不同等级生态经济系统发展的统一性、空间连续性，以及综合特征的内部相似性和与外部的差异性，逐级划分或合并生态经济地域单元，并按这些地域单元的从属关系建立一定形式的地域等级系统。

生态经济区划与综合自然区划、部门区划、生态区划和经济区划既有联系又有区别。它们的共性在于空间要素的地域分异规律都是区域划分的理论基础。区别在于，综合自然区划考虑到自然条件的空间差异和分异规律，对经济社会条件尤其是生态与经济的耦合机理、地域组合特征和分异规律重视不够。专业和部门的区划则侧重于某一方面的区域划分，而对综合性考虑不足。传统经济区划则对自然地理条件和生态环境考虑不多。生态区划运用了地理学和生态学的理论和方法，进行生态地域的划分，但多从生态环境的分析着眼，对人类活动要素及其与生态环境的耦合关系考虑不够，主要是自然生态地域的划分。生态经济区划是在上述区划的基础上发展起来的，它兼顾生态与经济两方面，既考虑生态环境特征，也考虑人类经济活动影响，重视经济与生态环境的整体性和矛盾分析，是生态因子与人文因子相互作用机制的辨识与叠加分析过程，是特征区划和功能区划的统一，是实现区域生态系统和经济系统良性耦合和协调演进的基础。

生态经济区划是利于实现生态系统、经济系统相互耦合以及功能协调演进的综合区划，强调运用生态学基础和经济发展规律，全面考虑区域生态、社会、经济因子的特点及其内在联系所构成的空间组合形式的相似性和差异性，科学总结自然、经济功能的地域分异规律，划分出融合生态和经济要素的不同类型、不同等级的生态经济地域单元。生态经济区划明确不同类型的生态经济地域单元在区域发展格局中承担的主体功能，为调控、优化、协调区域发展提供科学依据。从公开发表的学术论文来看，生态经济区划的代表性研究主要有以下几个方面。

（1）在大区域尺度上。

董锁成等（2000）运用定性与定量相结合的方法，划分了西北地区生态经济类型，提出西北地区非均衡的生态经济发展模式及相应的对策。王传胜和范振军等（2005）借助 GIS 工具，以县域尺度为最小空间单元，结合西北 6 省（区）409 个县（市）的降水、气温、湿度、土地利用类型、人口、GDP、矿产资源、三次产业等数据，设计了水热状况、人类活动强度、工业化程度、城镇化程度等指标。在此基础上，根据西北地区县域尺度上的生态环境状况和人类活动状况，将西北划分为 27 个生态经济区。景可（2006）以年均降水量、年均干湿度、生物气温作为一级区划指标，将黄土高原划分为 4 个一级生态经济带。在此基础上，考虑生态经济带内地貌形态类型的差异，进一步划分出 42 个二级生态经济区。张青峰等（2009）选取自然资源、社会经济等 22 个指标，以县（区）为单元，利用聚类分析、主成分分析和 GIS 相结合的分区方法，把黄土高原划分为 4 个生态经济带。

（2）在省级区域尺度上。

李秀萍和韩剑萍等（2002）从资源、环境、人口、社会、经济方面选取了 29 个指标，构建指标体系，采用主成分分析法对原始数据进行筛选，再用聚类分析法将新疆 87 个县市划分为 10 个生态经济类型。熊鹰和王克林等（2003）从生态经济系统原理出发，选择了 34 个适合湖南省生态经济系统分类的特征指标，以行政县为分类的基本单元，采用模糊聚类分析方法对湖南省进行了不重叠、内在的聚合分类，将湖南省分为 6 个生态经济区和 24 个生态经济亚区。马蓓蓓和薛东前等（2006）在地域分异规律、生态系统论和区域经济学理论及方法的指导下，借助 27 个气象观测站的多年观测资料和 103 个县域 2003 年的主要经济数据，运用空间统计学和 GIS 方法，结合陕西省生态经济特征，将陕西省初步划分为 4 个大的生态经济类型区。徐瑶和陈涛（2006）从自然生态、经济、社会 3 个方面构建指标体系，运用主成分分析法，对 22 个类型划分指标进行筛选，再运用模糊聚类方法，将贵州喀斯特地区 75 个县（市）划分为 5 个生态经济类型。杨金龙、刘新春等（2006）根据指标选取原则并结合北疆地区实际特点，从生态环境、人口、经济发展状况 3 个方面选取了 20 个指标，建立指标体系，运用主成分分析法对原始数据进行筛选，然后用聚类分析方法将北疆 39 个县市划分为 8 种生态经济类型区。李斌和董锁成等（2009）以四川省 181 县（市）降水、气温、森林覆盖率、土地利用类型、人口、GDP 等 29 个生态、环境、社会、经济指标，建立指标体系，通过 GIS 技术，定性与定量分析相结合，以县为基本单元，将全省划分为 5 个生态经济区、13 个生态经济亚区。张永明（2009）从生态经济学原理出发，选择了反映区域的生态、社会、经济特征的 37 个适合山东省生态经济系统分类的特征指标，运用主成分分析法和系统聚类法，把山东省 17 个地级市分成 3 个生态经济大类和 7 个亚类。

（3）在县级区域尺度上。

高群和毛汉英（2003）以三峡库区云阳县为例，采用自上而下的生态要素宏观分析与自下而上的经济要素微观分析相结合的方法，运用 GIS 作为分析和表达手段，将 DEM、降水、气温等值线图、土壤图、土地利用图、人口密度图、经济密度图等进行叠加和分析，将云阳县划分为 4 个生态经济区。

（二）研究展望

在上述研究中，主要采用 ArcGIS 空间分析和多元统计分析，并依据研究区域尺度和特征，构建指标体系，分析主要生态环境、人文要素指标的地域分异规律，在此基础上制定生态经济区划方案，既强调生态景观的连续性和异质性，也重视区域社会经济发展的承载能力和水平，反映了自然生态系统和社会经济要素的空间差异、空间规律和空间的耦合状态，为不同生态经济区域选择生态经济协调发展的产业结构、经济发展模式提供了科学依据。

但是，由于不同研究区域的自然、社会、经济要素不同，面临的问题和矛盾各异，发展的目标取向不同，区划指标选取应从实际出发，区划结果也必须综合考虑区域发展目标，做出必要的调整。此外，部分学者在生态经济区划的基础上，提出了不同生态经济区的产业选择和经济发展模式，具有重要的实践意义，但对所选择产业在全国、大区或省际背景区域中的地位和区域分工考虑不够。

通过分析国内外生态经济区划研究进展，可知目前生态经济区划研究多集中在将生态经济区划指标以乡镇等行政区为单位进行聚类后，进行生态经济分区，这些方法没能打破行政区划的界限，分区结果与实际吻合较差。结合 GIS 采用网格技术，突破行政区的界限。

生态经济区划研究趋于更精细、更客观、更准确、更直观地表征典型区域的生态经济类型和各自特征。

第一，采用网格技术，将研究区域进行细分，以网格为基本单位进行生态经济区划相关指标的分析，并进行区划，打破行政区划界限，分区结果也更精细。

第二，通过聚类方法的研究与应用，克服了传统分类方法分类阈值不易确定的困难，使结果更客观。

第三，随着 RS 和 GIS 技术的应用，指标数据的获取较传统调查更加快速和准确，定量化分析使得评价结果更准确。

第四，GIS 的分析及图形功能，使得评价结果更符合人们的思维习惯，结果更直观。

三 研究方案与创新

（一）研究目标

本书研究的生态经济区划不仅考虑经济发展，而且也很重视生态建设和社会发展。在经济方面，尽力使国民经济全面发展与地区经济优势相结合，正确处理宏观与微观、国家与地方的经济发展关系，使地区经济专业化与综合发展相结合，地区经济的现状与远景发展相结合，与国民经济管理体制相适应。

坚持社会经济效益与环境效益的统一。在进行生态经济区划时，全面研究社会经济发展、人口增长、资源开发和环境保护的关系，根据各地区的环境容量和资源结构特点，建立与当地条件相适应的产业结构，合理地开发利用自然资源，提高资源利用率，减少废弃物的排放。把发展经济和区域环境污染综合防治结合起来，促使各地区的经济和生态都沿着良性循环的轨道向前发展。

1. 揭示北方沿海地区资源、生态、环境、经济地域分异规律

综合运用系统论、生态经济理论、可持续发展论等基本原理，从整体与部分两个角度出发，将静态分析与动态模拟相结合，深入探索改革开放30余年北方沿海地区生态经济地域分异的动力因子及其相互作用方式与强度，分析不同阶段影响北方沿海生态经济系统发展演化的关键动力因子及其对系统所产生的正负效应，揭示北方沿海地区生态经济系统资源、生态、环境、经济地域分异规律，为北方沿海地区生态经济系统空间优化调控和实现协调发展提供理论依据。

2. 探索生态经济区划模型方法，构建北方沿海地区生态经济区划模型

以北方沿海地区生态经济区划系统分析及系统演化动力机制研究为基础，选取相关指标体系，构建北方沿海地区生态经济区划综合指数与系统动力学模型，仿真模拟北方沿海地区生态经济地域系统整体及其子系统未来可持续发展状态，通过参数控制，对北方沿海地区生态经济地域系统进行调控，探索北方沿海地区生态经济地域系统的可持续发展方案。

3. 提出北方沿海地区生态经济发展优化调控措施与对策

在深入分析北方沿海地区生态经济区划地域分异规律及其现有问题的基础上，调控、预测北方沿海地区生态经济地域系统整体及其子系统可持续发展趋势及其潜力，以推进形成主体功能区这一区域经济协调发展战略为目标，指导北方沿海地区生态经济地域系统空间优化，探索北方沿海地区生态经济地域系统优化调控措施与对策，力争使本书为中国其他中观尺度的地区生态经济地域系统优化调控提供理论与实践借鉴。

（二）研究方法

本书采用规范分析和实证分析相结合、定量分析与定性分析相结合的方法对北方沿海地区生态经济区划展开研究。图 1 - 5 是北方沿海地区生态经济区划研究方案。

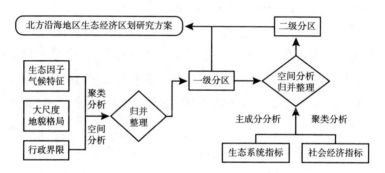

图 1 - 5　北方沿海地区生态经济区划研究方案

1. GIS 空间分析和模拟

借助 ArcGIS，在基础数据的栅格插值、数据重分类、数据重采样、栅格计算等分析与处理的基础上，进行叠加分析，并结合生态经济区划原则，提取北方沿海地区生态经济区划。

2. 系统动力学（System Dynamics，SD）方法

本书拟根据北方沿海地域系统基础分析及系统演化动力机制研究，选取相关指标体系，构建系统动力学模型，仿真预测系统可持续发展趋势及其潜力，为系统功能定位与未来发展方向确定提供科学依据。

3. 定性分析方法

基于 GIS 空间模拟，以区域科学理论、系统论等理论为依据，综合概括北方沿海地区生态经济系统空间组织形态形成机制，为北方沿海地区产业优化调和与生态经济系统协调发展奠定基础。

（三）创新点

首先，借助 ArcGIS 软件的集成分析功能，以县级行政单元为基础，从多个方面研究北方沿海地区生态、经济的地域分异规律，对北方沿海地区生态经济区进行划分。从文献的检索来看，针对北方沿海地区的生态经济区划研究尚属首次。在方法上，建立生态经济区划综合指数模型，在区划指标中引入空间相关性指标对区域中相邻单位进行约束，确保区划的准确性，从文献的检索来看，此方法在区划研究中尚属首次。

其次，深入分析北方沿海地区资源、生态、社会、经济四个子系统之间相互作用关系，揭示各系统要素在空间上的分异规律，利用系统协同论、控制论、生态经济学等理论，结合系统动力学模型对北方沿海各生态经济区进行情景分析，为北方沿海地区主体功能区定位及未来经济结构优化提供科学支撑。

最后，探索构建生态经济区划指标体系和区划模型方法与技术手段，丰富生态经济区划的理论和方法，为未来生态经济区划研究提供借鉴。

（四）研究思路与技术路线

为了实现研究的预期目的，北方沿海地区生态经济区划研究路线和本书写作技术路线见图 1 – 6 和图 1 – 7。

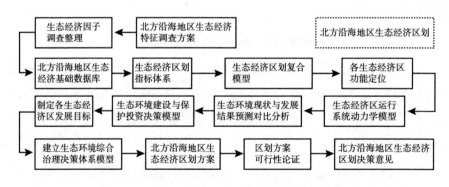

图 1 – 6　北方沿海地区生态经济区划研究技术路线

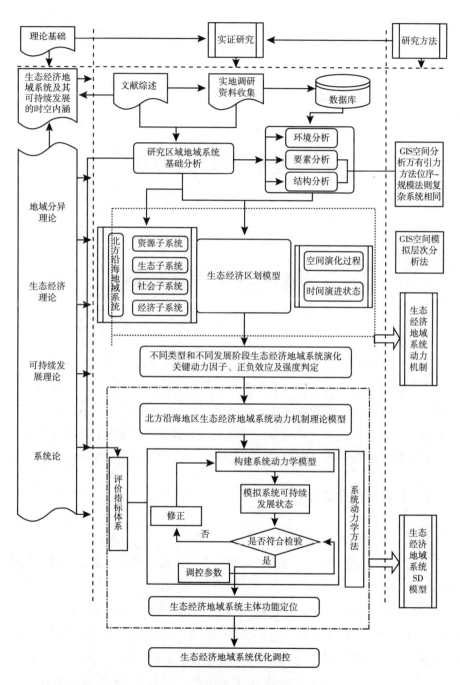

图 1－7 本书写作技术路线

第二章
基本理论与研究方法

一　相关概念解析与理论基础

生态经济学是生存于经济学、地理学、生态学等学科交叉领域的边缘学科，它吸纳了地理学的地域分异规律、生态学的生态系统观和经济学的区位论等理论。生态经济区划研究是生态经济学的重要内容之一，受到生态经济学相关理论的指导。本章对与生态经济区划产生、发展有紧密联系的几个概念和进行区划、模式研究时有重要作用的几个概念进行阐释；对与生态经济区划密切相关的理论和区划进行梳理和评价，旨在为后面的工作奠定基础。

（一）相关概念解析

1. 自然区划

自然区划主要依据客观自然地域的分异规律性所进行，主要反映自然区的客观实际，自然区内部具有相对一致性。自然环境的研究是生态学的重要内容，早期的生态区划实际上是自然区划，自然区划为现代生态区划的研究提供了理论指导和经验借鉴。生态区划植根于自然区划，又不断发展和健全自然区划。

追溯自然区划的历史，可从 19 世纪初 A. V. Humboldt 绘制世界等温线图开始，至今已近 200 年。自然区划经历了区划理论的创立和手段、方法的不断更新，自然区划也不断发展并逐步独立。自然区划的发展过程是人类系统认识生态环境的过程，也是进一步进行农业区划、工业区划、经济区划、生态经济区划等的基础。

以近代地理学鼻祖 Humboldt 绘制世界等温线图为起始标志，到 20 世纪 40 年代，其间代表人物及主要贡献有：俄国学者 Докучае（1899）的自然地带学说；美国学者 Merriam（1898）的农业带学说；英国学者 Herbertson 的生态地域观点，Tansley（1935）的生态系统概念；德国学者 Kopen（1931）的全球气候带；中国学者竺可桢于 1931 年发表的"中国气候区域论"标志着中国现代自然区划的开始，随后黄秉维于 20 世纪 40 年代初首次对中国的植被进行了区划。20 世纪 50 年代，在对中国自然资源深入调查及分析的基础上，自然工作者提出了一系列符合中国自然地域特点的区划原则和指标体系。其中最具影响力和最完整的是 1959 年由中国科学院自然区划工作委员会编写出版的《中国综合自然区划（初稿）》，它明确了区划的目的，拟定了适合中国特点又便于与国外相比较的区划原则和方法。与此同时，许多省区也分别完成了各自的自然区划。20 世纪 80 年代，各单项区划和综合自然区划方案更加趋于完善，相继有《中国植被》、《中国土壤》和《中国自然地理》等一系列著作出版。

这一期间自然区划的发展特点是：建立了自然区划的基本思想和体系框架，引入了生态区域的观点，进行了基本自然要素——气候和植被区划的实证研究，注重将自然区划的思想应用到农业生产中。其中，生态区观点的引入（Merriam，Herbertson，Tansley）为以后生态区划的发展和独立奠定了基础。

20 世纪 40～70 年代，自然区划得到了蓬勃发展，其间主要特征是自然要素的区划研究逐渐丰富，除气候和植被区划被广泛研究并逐步细化外，土壤区划也得到了发展（侯学熠等，1956；马溶之等，1958）。同时，区划要素、区划指标体系的研究也逐步深入（Penman，1956；黄秉维，1962；李治武，1962；陈传康，1962），促进了综合自然区划的发展。这一期间，生态区域全球分异研究得到发展，如 Holdridge（1967）研究生态带（Life Zone Ecology），Walter 和 Box（1976）进行了全球陆地自然生态系统的分类等，促进了生态区划从自然区划中分离。

2. 经济区划

经济区划是经济地理学研究的主要内容之一。这里仅介绍中国经济区划的相关内容。

一般认为，中国的经济区是以综合性大中城市为中心组织起来的，具有全国性专门化职能的经济活动的空间组合单元。它是生产力高度社会化、商品经济相当发达条件下社会劳动地域分工与协作的必然产物，具有客观性、阶段性、过渡性和综合性特征。经济区在实践上因社会经济各因子的内部结构和外部联系变化而具有阶段演进性，在空间上因各经济区对外联系范围错综复杂而具有各经济区之间的界线重叠交错的过渡性，在职能上受地理位置、自然资源、人口、民族、科学技术、社会经济、历史传统等多种因素影响而具有综合性（赵济、陈传康等，1999）。

经济区划在综合分析区划单元的自然资源、生态环境、人口和劳动力、技术、交通和经济发展等因素的基础上，坚持经济原则、生态原则、社会原则，突出各经济区在自然社会条件的区内统一性和区间差异性，以及区间经济结构的差异互补性和相互联系性。中国经济区划经过一个漫长的演变过程。新中国成立以后的较长时期，中国经济区划一直采用"两分法"，即全国划分为沿海与内地。1954年建立了东北、华北、华东、华中、华南、西南、西北七大经济协作区，1961年华中区与华南区合并为中南区，全国划分为六大经济协作区。改革开放以来，在以效率优先、兼顾公平为目标的市场化改革取向的稳步推进下，各种区域规划方案、区域发展战略和区域调控理论都先后被实施及运用，对全国各地区域经济的发展起到了一定的促进作用。

3. 生态区划

1976年，美国学者Beiley发表了《美国的生态区域》（*Eco-regions of the United States*），之后又于80年代连续发表了几篇关于生态区域划分的文章（1983，1985，1989），成为生态区划与自然区划分离的标志。这期间，Rowe（1981）和Klijn（1994）探讨了景观生态分类（Ecological Classification）的途径，Wiken（1982）研究了加拿大生态带（Eco-zones），

Beiley 研究了加拿大和美国的生态区划（Ecological Regionalization）状况，Denton（1988）和 Host（1996）探索了生态区划的定量方法，1996 年 Beiley 发表了生态系统地理（Eco-system Geography），进一步促进了生态区划研究体系的完善。

中国生态区划研究的壮大与自然区划的发展相辅相成。20 世纪 70 年代以来，垂直分异的研究（郑度，1979，1985，1990，1999）和区划地带性理论（赵松乔，1983；席承藩，1984；黄秉维，1989；任美锷，1992；杨勤业等，1996）的深入探索使自然区划的理论体系日臻完善，实践领域也越来越广。20 世纪 80 年代以来，生态区划首先在农业领域展开研究（熊毅，1980，1981；傅伯杰，1985），1988 年侯学熠发表了《中国自然生态区划与大农业发展战略》，是对这一时期农业生态区划的总结，也成为中国生态区划研究之始。1999 年，傅伯杰发表了《中国生态区划的目的、任务及特点》，郑度发表了《中国生态地理区域系统研究》，杨勤业等发表了《中国西部生态区划及其区域发展对策》和《中国生态区划方案》，成为国内生态区划研究与自然区划分离的标志。

4. 生态经济区划

依据客观自然地理的分异规律性所进行的自然区划，主要停留在对自然表象的认识上，区划指标过于单一，不能满足现今社会经济发展的需求。生态经济学思想的诞生以 20 世纪 60 年代末期美国经济学家鲍尔丁的重要论文《一门科学——生态经济学》的发表作为标志。但真正结合经济社会命题开展生态学研究的，是美国海洋生物学家卡逊，她于 1962 年发表了著名的《寂静的春天》一书，详细揭示了近代工业对自然生态的影响和经济生产与自然生态的关系。此后，一批论述生态经济问题的著作相继问世，开始了生态学与经济学相互渗透和融合的新时代，卡逊成为新的"生态经济学"时代的代表人。1976 年日本学者坡本藤良的著作《生态经济学》出版，第一部生态经济学理论论著问世。之后各国生态学家陆续出版和发表了许多有影响的著作和文章，包括英国生态学家爱德华·戈德史密斯（E. Goldsmith）的《生存的蓝图》，沃德·芭芭拉（W. Barbara）和杜博斯·雷内（D. Rene）合著的《只有一个地球》等。近十年来，随着全球及区域环境问题的凸显，生态经济学所研究的内容越发符合世界发展的需要，得到普遍的关注，其地位也越来越高，各国生态学家对生态区划的重视程度逐渐加强，并认识到纯自然生态区划的局限性，更加关注人类活动在资源开发和环境保护中的作用和地位，综合考虑生态、经济功能的生态经济区划也应运而生。

在总结中国生态建设有关经验的基础上，环境学家马世骏教授于1981年首次提出了社会－经济－自然复合生态系统理论。他指出："当代若干重大社会问题都直接或间接关系到社会体制、经济发展状况以及人类赖以生存的自然环境，社会、经济和自然是三个不同性质的系统，但其各自的生存和发展都受其他系统功能、结构的制约，必须当成一个复合生态系统来考虑"；"是工农业布局、环境管理和因地制宜合理利用土地等自然资源的依据，因而亦是进行农、林、牧、副、渔业生产规划，城市建设规划和合理配置人口分布等问题的重要参考"（马世骏，1986）。王如松做了进一步的阐述，认为城市和农村是一个以人类活动为纽带，由社会、经济与自然三个亚系统组成的相互作用与制约的复合生态系统。在这一基础上区域规划由单纯的自然生态分析向涉及自然、社会、经济诸多方面的综合分析转变，经济生态规划随之逐渐展开。1989年周纪伦等主持的上海郊区生态经济规划，以区域生态经济复合系统为划分对象，构造了一个能反映城乡地区生态经济系统整体特征的框图模型，开了国内区域生态经济综合区划的先河。自此以后，在复合生态系统理论的指导下，生态经济综合区划蓬勃开展起来。

5. 主体功能区规划

《国民经济和社会发展第十一个五年规划纲要》明确提出："根据资源环境承载能力、现有开发密度和发展潜力，统筹考虑未来我国人口分布、经济布局、国土利用和城镇化格局，将国土空间划分为优化开发、重点开发、限制开发和禁止开发四类主体功能区，按照主体功能定位调整完善区域政策和绩效评价，规范空间开发秩序，形成合理的空间开发结构。""确定主体功能定位，明确开发方向，控制开发强度，规范开发秩序，完善开发政策，逐步形成人口、经济、资源环境相协调的空间开发格局。"其中，优化开发区域是指国土开发密度已经较高、资源环境承载能力开始减弱的区域；重点开发区域是指资源环境承载能力较强、经济和人口集聚条件较好的区域；限制开发区域是指资源环境承载能力较弱、大规模集聚经济和人口条件不够好并关系到全国或较大区域范围生态安全的区域；禁止开发区域是指依法设立的各类自然保护区域（国家发改委，2006）。

主体功能区思想来源于德国。德国不仅是国际公认的政府在空间秩序组织和空间规划领域走在前列、规划体系和制度保障也相对完善的国家，而且是区位论、空间结构理论等经典的经济地理学理论的主要发源地。经济地理学的基本理论为区域发展和空间布局提供了重要的科学依据（樊杰，2007）。

目前，研究者普遍认为主体功能区的作用主要有以下几点：促进区域的分工与合作，优化资源空间配置（陈潇潇，2006）；引导生产要素有序流动，构建合理的地域分工体系；优化区域开发秩序，实行空间管治（王东祥，2006）；规范城市发展规模，形成合理空间开发结构，创新区域管理模式，分类管理和调控区域（张岩铭，2006）；实施差别化的区域政策和绩效考核标准，推动区域经济协调发展；实现区域可持续发展，促进人与自然和谐发展（邓玲，2006）；引导经济布局、人口分布适应自然，逐步实现人口、资源、环境全面协调可持续发展的空间开发格局（樊杰，2007；高国力，2007）。

经过综合分析对比，本书认为，主体功能区指基于不同区域的资源环境承载能力、现有开发密度和发展潜力等，将特定区域确定为特定主体功能定位类型的一种空间单元。划分主体功能区主要应考虑自然生态状况、水土资源承载能力、区位特征、环境容量、现有开发密度、经济结构特征、人口集聚状况、参与国际分工的程度等多种因素。

主体功能区规划直接以解决现实发展中的核心问题为宗旨，尽管因理论和经验准备不足还有许多值得商榷和有待进一步完善的地方，但从理念、目标取向和主要作用等方面综合审视，主体功能区规划是一项尚未有更好的替代方式、具有重大现实意义及对中华民族可持续发展产生长远影响的空间规划实践（樊杰，2007）。

编制主体功能区规划，推进形成主体功能区，是全面落实科学发展观、构建社会主义和谐社会的重大举措，有利于坚持以人为本，缩小地区间公共服务差距，促进区域协调发展；有利于引导经济布局、人口分布与资源环境承载能力相适应，促进人口、经济、资源环境的空间均衡；有利于从源头上扭转生态环境恶化趋势，适应和减缓气候变化，实现资源节约和环境保护；有利于打破行政区划，制定和实施有针对性的政策措施和绩效考评体系，加强和改善区域调控。

全国主体功能区规划是战略性、基础性、约束性的规划，是国民经济和社会发展总体规划、人口规划、区域规划、城市规划、土地利用规划、环境保护规划、生态建设规划等在空间上开发和布局的基本依据。

从自然区划、生态区划、经济区划、生态经济区划、主体功能区规划发生发展的历程看，主体功能区规划是建立在自然区划、生态区划、经济区划和生态经济区划等基础上的综合性规划，具有更强的战略性和指导性。

（二）生态经济区划相关理论基础

生态经济学是为解决社会经济发展与资源和生态环境的矛盾问题，将经济的发展建立在自然资源承载力和生态环境容量容许的范围内，实现可持续发展。作为生态经济学的重要研究内容，生态经济区划的理论基础是地域分异规律、生态经济学理论和生态经济系统的相关理论，本节对相关理论进行梳理和评价，旨在为进一步的研究奠定基础。

1. 地理学地域分异理论

地域分异规律是地球表面的自然、人文景观及其组合按一定方向分异的规律，是不同尺度地表空间地带性因素和非地带性因素共同作用的结果，是区划研究的理论基础。地带性和非地带性规律是其最基本、最普遍的规律。

地域分异规律有以下两个显著特点。其一，由基本的地域分异因素派生出地带性和非地带性因素，形成了地表空间不同尺度的地带性和非地带性规律。空间尺度可分为大、中、小规模或全球性、大陆性、区域性、地方性（和局地性）等层次（景贵和，1986；赵济、陈传康等，1999）。不同层次、不同规模的地域结构层次之间，具有一定的从属关系。高层次的地域分异规律是控制低层次地域分异的背景或外界因素，低层次的地域结构单元的分异排列关系是构成高层次地域分异的基础。地表景观的每个层次根据其具体的分异因素和相应的结构特点，完成特定的功能和体现各自的整体性特征。各景观地域之间按等级层次相互联系、相互作用，体现了整体与部分之间的从属关系、部分与部分之间的协同和共扼关系（赵济、陈传康等，1999）。其二，地球表面空间的任何区域都同时受地带性和非地带性因素的影响。二者实际上是互为矛盾的统一体，既互不从属，也互不联系。因此，区划研究既能以地带性因素为指标，也能以非地带性因素为指标。

地域分异理论是区划工作最基础的理论之一。地表自然界最显著的特点之一，就是它在空间分布上的不均一性推动了区划工作的进行。自然生态环境是人类生存和发展的重要条件，各部分及其相互作用形成的自然综合体之间的相互分化和由此产生的差异，形成了自然界的地域分异规律。自然地域分异研究强调综合观点，任何一个地域都是一个复杂的自然综合体，其形成都包括地带性因素和非地带性要素、现代因素和历史因素、内生因素和外生因素，尤其是受非地带性因素的影响而形成了结构和特点上的地域差异。人类生产活动的方式、方向和程度及其对自然生态环境的影响也因地而异，导致不同地域生态经济的结构和功能、物质、能量、价值和信息的转换效率、流动方式和强度，以及派生的生态和经济的矛盾与调节系统稳定性的途径、手段和措施都有所不同。区域复合系统的生态经济特征与功能的差异性是进行区划的基础。生态经济地域复合体的划分与合并是对区域复合生态系统空间层次和有序性的"刻画"过程。

无论是划分还是合并，都以地表自然－社会－经济地域体系的空间规律和有序性为依据，并且分别由相应的分异或集聚形式来体现。通过分析不同区域单元之间的生态功能和生态需求的差异性与同类生态区的相似性，通过合并或划分的方法，形成生态经济区划。根据城市群生态经济的地域差异性进行的综合区划，有利于科学调控整个系统，建立高效、和谐的区域生态经济系统。

（1）空间大尺度地域分异规律。

空间大尺度的生态经济地域分异规律包括自然要素的地域分异规律和社会经济要素的地域分异规律。自然要素的地域分异规律主要表现为自然景观的纬度地带性和经度地带性的规律性分异，辐射平衡与干燥度是形成该分异规律的主要因素。纬度地带性是热量自赤道向两极变化的表征，经度地带性是水分自海洋向内陆变化的指示。全球范围内地域分异规律主要是太阳能和地球内能共同作用的结果，主要表现为海陆分异和热力分异。大陆范围的地域分异主要表现为热量的纬向分异和干湿程度的经向分异，形成温度、降水、土壤、植被等要素的地带性和非地带性规律（王传胜，2002）。

人类在人种、数量、文化、经济各个方面都存在着宏观尺度的差异，具体表现为人种的东西差异、南北差异，人数的纬度差异和经度差异，人类文化和经济活动的东西差异、南北差异等。John Luke Gallup 等对世界人口的地域分异进行研究发现：世界人口主要分布在北纬 10 度至北纬 40 度之间，即亚热带－温带的范围内；人口的分布趋于向沿海集中及自沿海向内陆呈带状递减的现象（尤其在欧亚大陆表现明显）。赵济和陈传康等（1999）研究发现瑷珲—腾冲线东南部分面积占全国的 42.9%，却分布着全国 95.4% 的人口。

全国宏观尺度的经济活动亦体现出明显的地域分异规律。农业经济活动受自然条件影响较大，呈现比较明显的地带性规律，我国粗线条的农业经济活动分异特征可以概括为南稻北麦、东农西牧。农业部门结构、农作物品种和耕作制度与纬向热量、经向干湿度和大地貌的影响密切相关（周立三 等，1989，1993）。而从经济总量上来看，Jonh Luke Gallup 等（1999）发现世界经济活动的空间分布与人口分布有类似的特征：GDP 密度较高的地区，一是主要分布在北半球的中纬度地带；二是在大陆连片分布的地区，从沿海向内陆，呈现依次递减的带性特征。我国全国范围的经济总量分布也具有这样的特征。2009 年，我国东、中、西三大地带的 GDP 总量比值为 3.81：1.43：1。

全国范围内的人口分布和经济分异规律与全国自然气候条件、地貌分异规律高度一致，无论以瑷珲—腾冲线来划分还是以东、中、西三大地带来划分，都体现出了这一分异特征。

（2）空间中小尺度生态经济地域分异规律。

中小尺度的生态经济地域分异规律主要受中小尺度的自然气候条件、地形地貌、资源条件、区位条件影响。我国中小尺度的生态经济地域分异规律主要有以下几个特点。

第一，生态环境地域分异决定了社会经济地域分异的基本格局。中国面积广大，南北差异、东西差异明显。中国的气象与气候、水文、土壤和植被分布的经度地带性和纬度地带性差异反映了我国东西部、南北方生态环境的显著差异。

从海陆分布看，我国位于全球最大陆地与最大海洋之间，因而季风气候显著，加上青藏高原的影响，季风气候更加明显，对我国自然地理环境的形成和地域差异，起着非常重要的作用。东部海洋性湿润气候至西部大陆性干旱气候间的水平变化使得自然景观的经度方向的干湿带性差异颇为显著。我国的北方与南方的分界线是秦岭—淮河一线，气温分布总的特点是北冷南热，这决定了不同农业作物的种植区域。中国地理中水文要素也有明显的南北分异。在纬度、海陆位置和地形因素影响下，我国气候从西北向东南由干到湿，自北而南由冷到热，这样的水热分布规律，决定着我国土壤与风化的地球化学过程由西北向东南、由北向南逐渐加强。生态环境的地域分异很大程度上决定了我国社会经济的分异特征。

第二，农业资源的地域组合决定着农业生产的地域分异。农业生产方式和发展水平的空间差异是生态环境的直接反映。作为经济社会发展的基础产业，农业发展水平，尤其是耕作业发展水平，在经济发展的初期阶段，是影响人口分布、经济社会空间分异的最根本因素。目前我国的经济发达地区和产业集中区基本上都集中于农业资源组合条件比较好的区域，这在西部反映得更明显，如关中平原、四川盆地、河西走廊、天山北麓等。

第三，能矿资源的地域组合及开发决定了能矿工业基地和矿业城镇的地域分异。能矿资源的地域组合及开发构成了城市地域分异的重要基础，甚至决定了有些工业基地和城镇的形成，这在西部地区反映得更加明显（董锁成等，2002）。例如，攀枝花、克拉玛依、白银、石河子、玉门、金昌、格尔木等多分布于重点资源开发区。这些地区尽管资源富集但区位较差、交通不便、远离市场、经济基础差，如三峡库区、陕甘宁接壤区、柴达木盆地、塔里木盆地、准噶尔盆地、吐哈盆地、攀西－六盘水等地区。由于有国家急需的重要资源，政策导向使这些地区在能源矿产资源开发中已经成为区域发展的"热点"地区，其交通状况和通达性也随之改善，发展潜力巨大，有望成为西部新的经济增长中心。

第四，区位、劳动力、技术、市场、政策等要素的地域组合，决定着生态经济地域类型。以综合经济要素为指标的综合指数的分异特征，说明地区整体经济实力的发展要依赖本地区总体的状况，包括位置、自然条件、政策支持、地区内部发展差异等，这些社会经济要素的地域组合与生态环境要素叠加决定着生态经济地域类型。

总之，我国社会经济发展在地域分异上较高的相关性，导致社会经济与生态环境不相协调的矛盾十分尖锐，生态环境已经对社会经济发展形成了强约束。我国社会经济在地域分异上较高的相关性反映了自然地域分异规律对社会经济地域分异的深刻影响。因此，社会经济发展必须遵循自然规律，根据生态经济分异规律，对各地区进行生态经济区划，为区域协调发展、生态文明建设、主体功能区形成奠定基础。

地域分异规律是不同尺度地表空间地带性因素和非地带性因素共同作用的结果，是区划研究的理论基础。北方沿海地区属于中小尺度的地域分异范畴，由于其地形复杂多样，既有水平地带性分异规律，也有垂直地带性分异规律，在对其进行生态经济区划的过程中，要充分考虑其地带分异规律。地域分异规律不仅是自然区划、生态区划的理论基础，也是生态经济区划的理论基础和主要遵循的原则。在生态经济区划工作过程中，依据地域分异规律对研究区进行定性描述是十分必要的。

2. 系统论

系统论认为系统是由相互作用、相互联系的若干要素结合而成并具有特定功能的有机整体。要素是构成系统的最基本单位。系统结构指系统内部各组成要素的组合方式，是系统要素之间的相互联系、相互作用的秩序。系统功能则是系统与外界环境相互作用所反映的能力。一定的系统结构对应着一定的功能，系统的结构决定系统的功能，结构的改变必然引起系统功能的改变，功能对结构有反作用。环境是指存在于系统以外的物质、能量、信息的总称。所有系统都是在一定的外界环境条件下运行的，系统必然要与外部环境产生物质的、能量的和信息的交换。依据系统论的观点，只有系统内部关系和外部关系相互协调，才能发挥系统的整体功能。

（1）复合系统协同论。

地球表层是一个复合生态系统。城乡的工农业生产、各种经济活动和代谢过程是生存发展的活力和命脉；而人的社会行为及文化观念则是演替与进化的动力泵。系统应以物质能量的高效利用、社会自然的协调发展、系统动态的自我调节为系统调控的目标。就区域复合系统而言，区域的地质构造、气候状况、水系结构、地貌形态、资源禀赋、周边环境等是长时段因子；区域的文化传统、价值观念、行为方式、人口－资源结构等是中时段因子；区域的经济结构、技术结构、资源利用方式等是短时段因子。对于制约区域复合系统结构功能状态的长时段因子，只能适应，无法改变。我们只能通过调整中时段因子和改变短时段因子的状态来实现由不可持续发展模式向可持续发展模式的转变。在对区域进行生态经济区划研究的过程中贯穿复合生态系统理论中的协同进化原理和支配原理，能使区划工作始终贯穿生态－经济协调发展的理念，使区划结果能够最大限度地体现协调共生的原则，实施区划成果时能最大限度地使环境保护与经济发展之间的矛盾弱化，实现可持续发展的目标。

1990 年，Norgaard 提出了协调发展理论，认为通过反馈环在社会与生态系统之间可以实现共同发展。这一理论把经济发展过程看作不断适应环境变化的过程。协调发展包含两个层面的含义。第一个层面是协调，它是人口、社会、经济、环境、资源、科技结构调整与量度变化的过程，是后一层面的基础。第二个层面是发展。它是在第一层面协调的基础上，对发展速度、发展规模、发展结构、发展趋向和发展效益的导向。协调和发展始终处于互为推动的动态过程中。只有协调，才有发展，在协调发展运行中表现得非常突出。这种思想在生态经济区划中得到很好的体现。生态经济区划是在生态与经济关系出现尖锐矛盾的背景下应运而生的，如何协调生态与经济的矛盾关系是进行生态经济区划工作的主要目的。在区划研究中始终贯穿协调发展理论，对于区域生态－经济协调发展有着非常重要的作用。

生态经济系统是生态系统和经济系统相互交织、相互作用、相互耦合而成的复合系统。生态系统提供生命活动和生产活动所需要的物质和能量，并接受经济系统中物质循环和能量流动所产生的大量"废弃物"，实现物质和能量在生态经济系统中的循环，因而成为生态经济系统存在和发展的基础。经济系统的发展受到生态系统的制约，又对生态系统的物质流和能量流产生直接或间接影响：直接影响表现为从生态系统中获取物质和能量，调控生态系统的物质和能量流动，以及向生态系统排放生产和生活过程中产生的物质和能量而影响生态系统的结构和功能等；间接影响表现为经济系统的调控政策影响物质流和能量流而对生态系统造成的环境效应，包括正效应和负效应。

生态经济系统结构和功能的维持依赖来自系统外部的物质和能量，以及系统运转过程中产生的价值流和信息流，而能量在生态系统的物质循环、能量流动、价值转移和信息传递过程中发挥了重要作用，因此能量流成为生态经济系统结构和功能的动态描述：来自地球外部的太阳能和少量太空物质进入地球表层的自然生态系统和农村生态系统，并与来自地球内部的矿物质和化石燃料相互作用，从而产生人类社会经济发展所必需的物质和能量，而在这部分物质和能量的消耗过程中又产生大量无效物质和能量（如废弃物和能量的损失等），返回自然生态系统和农村生态系统；在此过程中，物质和能量又以商品和劳务等形式在农村生态系统和城市生态系统中流动，产生以能量流为驱动的价值流和信息流。

（2）热力学二定律与物质平衡理论。

热力学第二定律，也称熵定律。熵是不能做功的能量，也用来表示系统的无序或混乱状态。在一个封闭系统里，物质－能量的使用导致能量从低熵的地方向高熵的地方单向流动，熵在增加，并从有序变得无序。依据热力学第二定律，在能量转换过程中，从一种能向另一种能的任何转换都不是完全有效的，有一部分能量将会以热的形式失散而失去潜在做功的能力，能量的品质不断降低，且能的消费是一个不可逆的过程。系统从有序渐渐变成无序，如果没有外界的能源投入，封闭系统最终会耗尽能量，进入没有任何变化的平衡态。

经济系统和环境系统的关系受热力学二定律的约束。任何物质系统的质量都不会因其各组成部分之间的各种反应而增加或减少。人类从自然界中开采矿石、燃料、天然气和其他有机物并为生产者和消费者所利用时，质量并没有改变。只要所有的投入不能全部转化成产出，生产过程中就不可避免地会产生物质、能量残余物，而残余物的很大一部分又只能回到环境中去。如果残余物的排放超过一定限度，环境容量与自净能力就会日益减小。当废弃物的排放超出环境容量和自净能力所允许的范围时，就会导致环境污染。如果人类继续采用现行的经济运行方式，由经济增长而导致的环境与生态问题，将变得越来越严重。如果地球是一个封闭的系统，存在有限的低熵能源储备（化石燃料），这一系统是不可持续的，因为经济活动不可避免地减少能源，最终导致可用的能源消耗殆尽。然而，地球并不是一个封闭系统。地球从太阳那里直接获取能量，并具备有限地利用这种能量的能力。因此，生态系统能通过吸收低熵能量，将系统维持在高组织、低熵状态。

物质平衡的思想来自热力学二定律。20 世纪 60 年代，鲍尔丁（Kenneth R. Boulding）发表了《即将到来的太空船经济学》（*The Economics of the Coming Spaceship Earth*）一文。他依据热力学定律，提出了一个最基本的环境经济学问题。他指出："根据热力学第一定律，生产和消费过程产生的废弃物，其物质形态并没有消失，必然存在于物质系统之中，因此在设计和规划经济活动时，必须同时考虑环境吸纳废弃物的容量；虽然回收利用可以减少对环境容量的压力，但是根据热力学第二定律，不断增加的熵意味着100%的回收利用是不可能的。"这一理论是物质平衡理论的萌芽。

20 世纪 70 年代初期，科尼斯（Allen V. Kneese）、艾瑞斯（Roben U. Ayres）和德阿芝（Ralph C. D'Arge）依据热力学第一定律的物质平衡关系，提出了著名的物质平衡理论。主要思想为：一个现代经济系统由物质加工、能量转换、残余物处理和最终消费四个部门组成。这四个部门之间，以及由这四个部门组成的经济系统和自然环境之间，存在着物质流动关系。如果这个经济系统是封闭的（没有进口或出口），没有物质净积累，那么在一个时间段内，从经济系统排入自然环境的残余物大致等于从自然环境进入经济系统的物质量。这个结论的推论是：经济系统排放的残余物的数量大于生产过程利用的原材料数量。这种结论同样适用于一个开放的、有物质积累的现代经济系统，只是分析和计算更为复杂。现代经济系统中虽然越来越多地使用污染控制技术，但是应当清醒地认识到，"治理"污染物只是改变了特定污染物的存在形式，并没有消除也不可能消除污染物的物质实体。例如，治理气体污染物，使排放的气体变得清洁，但却留下了粉尘等固体污染物。这表明，各种残余物之间存在相互转化关系。为了使人类经济步入可持续发展的轨道，减少经济系统对自然环境的污染，最根本的办法是提高物质及其能量的利用效率和循环使用率，由此减少自然资源的开采量和使用量，降低污染物的排放量。

物质平衡的思想表明，采用末端处理模式进行污染物处理，并不能使污染物消失，只是改变了污染物存在的形式。当某种环境容量未被充分利用时，末端处理的方法才是有效的，否则，必然会造成某种形式的污染，而不能最终解决环境问题。相比之下，提高污染物循环利用水平和采用清洁生产，才是更有效的办法。

3. 生态经济学理论

生态经济是以生态学和系统论为理论基础，模拟生态系统运行方式和规律，要求经济活动效仿生态系统的结构原则和运行规律，实现经济活动的生态化。生态经济的核心是强调经济与生态的协调，注重经济系统与生态系统的有机结合，强调宏观经济发展模式的转变。

美国经济学家肯尼斯·鲍尔丁于20世纪60年代提出生态经济学的概念以来，生态经济学成为地理学、生态学和经济学等学科的研究热点，出现大量影响深远的生态经济专著，如罗马俱乐部的《增长的极限》，美国学者埃里克·爱克霍姆纪念斯德哥尔摩世界环境大会10周年的专著《回到现实——环境与人类需要》，西蒙思（G. Simmons）的《最后的资源》等。生态经济专著及生态经济学家的活动对公众的环境意识产生了极大影响，促进了公众环境保护运动的开展，并在促进环境保护法律和政策制定、推动环境科学研究方面发挥了积极作用，部分发达国家也开始设计使用含有生态指标的经济发展评价体系，如NEW（经济净福利）和GSP（总可持续产品）等。

发展生态产业和产业生态化是实现生态经济发展模式的主要途径。生态产业（Ecological Industry）可理解为"生态化"的产业。所谓生态化，是指产业依据自然生态的有机循环原理建立发展模式，将不同类别的产业之间形成类似于自然生态链的关系，从而充分利用资源，减少废物产生，促进物质循环利用，提高经济发展规模和质量。产业生态化是指依据产业自然生态有机循环机理，在自然系统承载能力内，对特定地域空间内产业系统、自然系统与社会系统之间进行耦合优化，充分利用资源，消除环境破坏，协调自然、社会与经济的持续发展。国外研究产业生态化问题较早，目前已形成比较完整的产业生态化市场机制，其主要手段有产业结构调整、产品结构优化、环境设计、绿色技术开发、资源循环利用、污染控制等。2000 年后，国内研究逐渐增多，对生态产业与产业生态化、产业生态转型的概念界定、研究对象、目标指向等进行了探讨，尤其近几年生态产业园区建设的实践研究增多，并涉及了区域内的产业循环系统。

中国生态经济学研究始于 20 世纪 80 年代。中国生态经济学家更重视生态经济理论体系的建立和完善，以及生态经济学理论与方法在实践中的具体应用和深化，如生态农业、生态工业、生态城市等方面的研究与实践。中国的生态经济学是著名经济学家许涤新于 1980 年提出并建立的，至今已经整整 30 年。许涤新倡导："要加强生态经济问题的研究。"1980 年 9 月召开了中国第一次生态经济问题座谈会，中国著名经济学家许涤新和著名生态学家马世骏等参加。中国生态经济学的建立，体现了社会科学和自然科学两大科学相结合的特点。

生态经济学理论研究是在国外有关理论研究的基础上开展的，经过许多学者在生态经济系统的结构、功能和调控等方面的深入探索与研究，最终形成了"生态经济系统"理论（中国生态经济学会，1992），并在生态经济学的数学模型、资源与环境物品的产权界定和有偿使用，以及市场经济条件下的资源配置与生态环境保护问题等方面进行了有益探索与尝试。生态经济实证分析或案例分析的研究成果也较多，如自然资源价值核算、全国生态环境损失的货币计量等。研究方法也逐渐趋向多元化，并与生态学、经济学和地理学等方法相互借鉴，如徐中民等采用绿色国内生产净值的概念衡量了1995 年张掖地区与水有关的生态环境损失，生态足迹方法在中国各地区的实证研究，以及生态系统服务功能的应用等。

董锁成和王海英（2003）分析了西部地区面临的生态恶化与加快发展的双重挑战，认为超常规的生态经济发展模式，是西部摆脱"脆弱－贫困"恶性循环，实现可持续发展的必由之路。他们提出了西部地区发展生态经济模式的战略途径。一是产业结构调整与优化战略：①依靠科技和市场的生态化、绿色化的农业产业化战略；②多元化超常规的生态工业化战略；③积极发展以旅游为主导的生态型第三产业。二是非均衡重点突破、分类指导的区域生态经济布局战略：①区域生产力宏观布局战略；②实施因地制宜、分类指导的生态经济模式；③集中力量建设一批西部生态产业带和生态产业基地；④走生态型的农村城镇化道路。李宇和董锁成等（2004）通过分析定西地区社会、经济发展现状及主要制约因素，提出了甘肃省定西地区生态经济发展模式。胡宝清和陈振宇等（2008）根据各个地区的生态经济状况，把西南喀斯特地区农村特色生态经济建设实践总结为恭城模式、毕节模式、平果模式、移民模式等10种主要模式，并选取广西都安县作为典型研究区，探讨西南喀斯特地区典型农村特色生态经济发展模式。王如松（2005）认为，面向循环经济的产业生态转型就是要通过生产方式、生活模式和价值观念的改革去合理、系统、持续地开发、利用和保育生态资产，为社会提供高效和谐的生态服务，建立一种整体、和谐、公平、持续的自然和人文生态秩序，而不只是急功近利地去追求产量、产值和利润，其宗旨是要促进从物到人、从链到环、从刚到柔、从量到序的转型。产业生态转型的途径包括横向耦合、纵向闭合、功能导向、结构柔化、区域耦合、社会整合、能力组合、增加就业、人性化生产。

生态经济系统结构优化的核心是产业结构的调整和优化。目前，将产业生态学的基本理论和方法引入整个产业系统进行分析，研究产业生态化进程中的结构调整和优化问题尚不多见。而产业系统中产业结构的调整与优化本身就是产业生态化实现的一种方式，应将产业结构调整与优化纳入产业生态化的体系中进行研究。应通过区域、行业间的耦合，将生产、流通、消费、生态服务和能力建设融为一体，实现废弃物交易、资源共享以及生态资产的正向积累。

生态经济学理论研究主要基于能值分析、生态足迹分析展开。

（1）能值分析理论。

能值分析方法的前身——生态能量学，被认为是研究生命系统与环境系统之间能量关系及其能量运动规律的科学，是生物能量学和生态学相互渗透而形成的一门交叉学科，是生态学中的一个分支学科（祖元刚，1990）。能量生态学研究的是生态系统的能流与其他生态流（物质流、生物流、信息流等）等数量变化和相互之间的关系，是研究生态系统和复合生态系统的能量流动、传递、转化规律的科学（蓝盛芳等，2002）。

能量的流动和转化是任何生命活动的基础，也是生命科学中的核心问题之一。早在18世纪中叶，作为研究能量相互转化过程中遵循的规律——热力学定律已经形成。1840年，J. P. Joule 和 J. P. Mayer 通过大量实验证实了"热功当量"理论。1922年，A. J. Lotka 提出了最大功率原则的思想，并提议作为热力学第四定律，H. T. Odum 将"最大功率原则"（Maximum Power Principle）定义为：具有活力的系统，其设计组织方式必须能从外界获取可利用能量加以有效转换利用，并能反馈能量以获取更多的能量，以应存活之需。一个组织能够生存最重要的原因就是增长、再生产等多方式的较大能量输出，而且与它规模相关的高产出的组织可以在竞争中赢得生存。

由同一能量来源（太阳能）的能量，经过一系列转化而成为能量流动网络，H. T. Odum 称之为能量链。它清楚表明生态系统的能量流动和转换，以及系统的等级关系。能量在系统能量链的每一传递、转化过程，按照热力学第二定律，均有能量耗散流失。因此，随着能量由较低等级的生产者传至较高等级的消费者，其量越来越小。为了产生高等级的能量，必定消耗大量低等级的能量。随着能量从低级至高级流动、转化和传递，其数量越来越少，其能质越来越高。具较低能质的能量，如太阳能、风能、雨能等，经传递与转化而成为较高能质的能量，如生物能、化学能等，维持人类生存活动的需要。能质和能级越高的能量，就需要越多的太阳能转化，太阳能值转换率由低到高随着能质和能级的提高而逐渐增大。能值转换率则是衡量能质的标准。任何能量转化过程都是由很多焦耳的低等级能量转化成很少焦耳的另一种高等级的能量。某种能量的转换率越高，表明该种能量的能质越高，即在能量系统中的等级阶层越高。大多数系统的能量传递与转化随着能量的减少，能质和能量转换率逐渐增高。

1984 年，H. T. Odum 基于生态系统和经济系统的特征以及热力学定律，提出了以能量为核心的系统分析方法——能值分析法，该方法能够定量地分析生态承载力的现状。1986 年，Vitousek 等对初级生产量的人类占用进行了研究。1992 ~ 1996 年，Rees 和 Wakemagle 提出和完善了生态足迹方法，并对 52 个国家以及全球的生态足迹和生态承载力状况进行了计算和分析。

在合适的情况下，最大功率产出是多种系统生存的标准，换句话说，"适者生存"这一说法可以用"单位时间内工作效率最高的系统将会生存下来"来解释。Charles A. S. Hall（2004）这样评价最大功率原则："Odum 留给我们的一些概念和方法中，最能改变我们如何理解地球的一个就是最大功率原则。这个理论的框架改变了我们理解生态系统、自然选择甚至是我们的环境的方式。这个概念虽不总是最适合的，但却是一个令人振奋和具有指导性的定义。"直至 20 世纪 50 年代，H. T. Odum 又对生态系统的能量学进行了深入的研究，提出了一些具有开拓性的概念和理论观点，其中包括 20 世纪 70 ~ 80 年代提出的能量系统（Energy System）、能质（Energy Quality）、能质链（Energy Quality Chain）、体现能（Embodied Energy）、能量转换率及信息等观点。这是第一次将能流、信息流和经济流联系在一起，生态系统中的这几个功能过程不再是孤立的了。而他在 20 世纪 80 年代后期和 20 世纪 90 年代创立的"能值"和"太阳能值转换率"等一系列概念，则将对能量的分析发展到了对能值的研究，将能流、物流、货币流及其他生态流进行了有机结合，在国际学术界引起强烈反响并被广泛应用。

（2）生态足迹理论。

"生态足迹"也称"生态占用"。生态足迹（Ecological Footprint）模型是通过测定一定区域维持人类生存与发展的自然资源消费量以及吸纳人类产生的废弃物所需的生物生产性土地（Biologically Productive Area）面积大小，与给定的一定人口的区域生态承载力（Ecological Capacity）进行比较，评估人类对生态系统的影响，测度区域可持续发展状况的方法。它的值越高，人类对生态的破坏就越严重。生态足迹的意义在于探讨人类持续依赖自然以及要怎么做才能保障地球的承受力，进而支持人类未来的生存。

国际上关于生态足迹的研究源于 20 世纪 70 年代诸多有生态经济学研究背景的学者们的研究成果。Odum E. P. （1975，1989）探讨了一个城市在能量意义上的额外的"影子面积"（Shadow Areas），Vitousek P. 等（1986）测算了人类利用自然系统的净初级生产力（Net Primary Productivity），Jasson A. M. （1978）等分析了波罗的海哥特兰岛海岸渔业的海洋生态系统面积，Hartwick J. M. （1990）提出了绿色净国家产品（Green Net National Product）概念等。在前人研究的基础上，加拿大生态经济学家 William Rees 等在 1992 年提出生态足迹概念，并由 Wackernagel 等加以完善，发展为生态足迹模型。其后，与生态足迹模型测度目标相类似的研究还有：F. E. Europe（1995）提出的环境空间（Environmental Space），Pearce D. W. 等（1993）提出的真实储蓄（Genuine Savings），De Groot（1992）、Costanza 等（1997）、Turner（1991，1998，1999，2000）等提出的功能分析（Functional Analysis）等。然而，生态足迹分析与"真实储蓄"等方法不同，对可持续发展管理的指示意义也不相同，其寻求从生态与经济两个角度与层面来探讨对可持续发展的测度。

生态足迹概念作为可持续发展定量方法的一种，于 2000 年之后引入中国，曾被翻译为生态基区，也被翻译为生态占用、生态痕迹、生态脚印、生态空间占用等。生态足迹一方面体现了人类活动对生态环境的影响，另一方面体现了生态环境对人类活动的支持能力，应用较广。但与国外相比，国内应用滞后 4~5 年，应用方向主要集中于全国尺度以及各类生态脆弱区的可持续发展度量，其他方面的应用研究相对较少。

4. 可持续发展理论

可持续发展的概念由国际环境委员会于 1978 年正式提出，其定义的提出则推迟到 1987 年世界环境与发展委员会的研究报告《我们共同的未来》。在 1992 年联合国环境与发展大会通过《21 世纪议程》后，可持续发展成为被国际组织、各国政府和社会公众广泛接受的指导思想。可持续发展研究的一个重要内容是可持续发展指标体系研究。1991 年 Pearce 根据自然资产和人造资产处理的不同，将可持续发展能力分为强可持续性和弱可持续性两大类，这可以视为可持续发展指标研究的一个里程碑。其中，反映弱可持续性的指标包括绿色国内生产总值、可持续经济福利指标（ISEW）和真实发展过程（GPI），反映强可持续性的指标包括生态足迹，此后还出现了美国资源环境经济整合账户体系（SEEA）、日本广义资源环境账户体系理论框架（CSEEA）等。近年来，西方生态经济学家更重视对人类经济社会未来发展和所谓"全球问题"的研究，如可持续发展的衡量、自然资产的估价、资源的可持续利用和环境经济政策的建立与管理等。

可持续发展是一种新的系统发展观，是当今世界认为最能有效解决环境与经济增长关系的新发展模式。可持续发展是指既满足当代人的需要，又不对后代人满足其需要的能力构成危害的发展。可持续发展将生态、环境、社会、经济等视为一个系统的组成部分，以系统的观点来分析各成分之间的关系，强调各成分之间的协调发展。可持续发展理论认为健康的经济发展应建立在生态可持续、社会公正和人民积极参与自身发展决策的基础之上。

可持续发展的核心是发展，是不降低环境质量和不破坏自然资源基础的发展，是人口、经济、环境之间相互协调的发展，是既要考虑当前发展的需要，又要考虑后代人利益的发展。可持续发展遵循持续性原则（生态、经济、社会的持续性）、公平性原则（代内横向公平、代际的公平）、协调性原则（人口、资源、环境间的协调发展）、共同性原则（采取全球共同的联合行动）。衡量可持续发展主要有经济、环境和社会三方面的指标。

对可持续发展问题研究多从以下四方面展开。

第一，可持续发展的生态学视角。该视角的研究多以生态环境资源可持续发展为研究对象，以资源环境保护与永续利用、生态循环平衡等作为基本研究内容，主要研究生态平衡、自然保护、环境污染防治、资源合理开发与永续利用等可持续发展中的生态问题，其焦点是力图把"生态环境保护与经济发展之间取得合理的平衡"作为衡量可持续发展的重要指标和基本手段。这一视角的基本观点为：生态环境资源是除人口之外制约可持续发展的终极因素，生态环境资源的可持续性是人类经济社会可持续发展的基础，可持续发展的本质在于维护生态和经济系统的恢复性，即寻求经济与环境之间的动态平衡。

第二，可持续发展的经济学视角。该视角的研究多以经济可持续发展为研究对象，以国际及区域经济结构、生产力布局调整与优化、要素供需均衡为基本研究内容，主要研究区域开发、生产力布局、经济结构优化、资源供需平衡等可持续发展中的经济问题，其焦点是力图用"科技进步贡献率扣除投资的边际效率递减率的差额"作为衡量可持续发展的重要指标和基本手段。这一视角的基本观点为：可持续发展的经济是社会可持续发展的物质基础，强调技术进步在经济可持续发展中的重要作用，资源节约型技术进步可以减少增长对资源基础的压力，从而增强增长的可持续程度，体现了科学技术作为第一生产力对实现可持续发展的革命性作用。

第三，可持续发展的社会视角。该视角的研究多以社会可持续发展为研究对象，以社会发展、公平分配、利益均衡和代际公平等作为基本研究内容，主要研究人口增长与人口控制、消除贫困、社会发展、社会分配、利益均衡和科技进步等可持续发展中的社会问题，其焦点是力图把"在经济效益的提高与社会发展的公正之间取得合理的平衡"作为衡量可持续发展的重要指标和基本手段，这也是该视角的可持续发展所追求的社会目标和伦理准则。这一视角的基本观点为：建立可持续发展的社会是人类社会发展的最高目标，可持续发展的社会是消除贫困、公平分配物质财富、资源合理配置、科技进步、社会公正、安全、文明和健康发展的社会，也是人口与资源协调发展、人口与环境相互依存的社会。

第四，可持续发展的系统论视角。该视角的研究多以复合系统的可持续发展为研究对象，以复合系统在可持续发展过程中的发展性、协调性和持续性等作为基本研究内容，以系统论为基础，吸收控制论、信息论、计算机模拟技术、管理科学和决策论等科学理论，以系统动力学的方法，依因果联系建立系统的结构模型，主要研究可持续发展的系统边界、系统环境、系统要素、系统结构与功能、系统发展机制和系统约束等可持续发展中的系统性问题，其焦点是力图把"发展度、协调度、持续度的逻辑自洽"作为衡量复合系统可持续发展的重要指标和基本手段。这一视角的基本观点为"发展度""协调度""持续度"三者的和谐动态均衡是人地复杂巨系统保持良好的可持续性的集中体现，通过对复合系统内部各要素的影响和控制，使其在可持续的方向上达到"良性循环",相互之间可以"协调发展",从而达到整个系统的可持续发展。

可持续发展理论研究主要基于承载力理论和循环经济理论展开。

(1)承载力理论。

可持续发展指标研究的一项重要突破就是承载力理论。1838年,Verhust 第一个将相关理论用逻辑方程表示出来,并将其命名为容纳能力,作为反映环境约束对人口增长的限制作用的指标,这可以说是近代研究承载力的起源。1921年 Park 和 Burgess 提出承载力的概念,将承载力定义为"某一特定环境条件下(主要指生存空间、营养物质、阳光等生态因子的组合),某种个体存在数量的最高极限"。进入20世纪下半叶后,随着全球范围内的人口、资源与环境问题的越发严峻,承载力的研究重点开始快速转向环境对人类经济和社会活动的限制,用来说明生态环境系统和社会经济系统之间的相互影响和制约关系。

资源环境承载力是一个包含资源承载力和环境承载力的综合承载力概念。根据上述对资源承载力和环境承载力的概念界定,可以将资源环境承载力理解为在一定的区域范围和一定时期内,在保持区域资源总量和结构满足该区域的可持续发展需要,同时区域环境维持稳态效应能力没有明显减弱的情况下,区域内资源环境系统对人类经济社会活动的综合支持能力。如果从可持续发展的角度来审视区域资源环境承载力分析的实质,可以发现这实际上是在特定时空条件下利用定性和定量结合的分析方法对区域资源环境系统对区域社会经济系统的支持和承受能力进行客观描绘和度量。

在研究区域承载力及承载状况的过程中,区域系统是由人类及其活动、资源、环境等多种要素组成的复杂开放系统。系统中,任何两个子要素之间都存在错综复杂、多反馈、多回路、循环流向的网络关系。由于这种网络关系的存在,各承载体之间存在"相互广义可替代性"[①]。由于区域生态体系是一个开放的系统,区际交流使得各种承载体能够相互补充,所

---

① 所谓的广义可替代性,是指各承载体之间可以通过某一承载体要素的数量优势在一定程度上弥补另一承载体要素在数量方面的劣势。

以在考虑以物质基础为主要决定因素的支撑能力时，交通等交流参数是非常重要的。

20 世纪 80 年代以后，人类的科技水平有了巨大的提高，生产力获得空前的发展，然而全球的发展与生态环境之间的矛盾却日益显现并尖锐。这种矛盾的存在使得对承载力的研究呈现多种研究方法并举、各种要素承载力共存的局面。人类对承载力理论研究的最终目的就是科学准确地度量承载力，进而判断人类的发展状况。因此，对"承载力"这一概念的政治价值的讨论以及对其评价方法和应用领域的不满更是激发了学术界对承载力理论和方法进行调查和研究的热潮。联合国粮农组织（FAO）在 20 世纪 80 年代初对发展中国家进行了土地承载力的研究。爱丁堡大学的 Malcolm Sleeser 教授提出了用于计算区域资源环境承载力的 ECCO（Enhancement of Carrying Capacity Options）模型。Lieth 提出了净第一性生产力计算模型，并对全球生态系统净第一性生产力进行了计算，间接度量了承载力。1996 年，美国在南部佛罗里达州门罗县人口最多的地区——佛罗里达可斯地区设立了一个重点承载力研究项目，即"佛罗里达承载力研究"。虽然这个项目与南部佛罗里达州耗资 78 亿美元恢复城郊湿地生态系统的计划相比，在地理尺度、资金投入和预期研究时间上要小，但是该研究项目在把承载力概念应用在复杂的社会经济和生态环境系统中是一个大胆的尝试，掀起一个研究承载力的热潮。1999 年 Harris 和 Kennedy 建立了一个用于全球农业产量的逻辑斯谛模型。基于该模型，预测了 21 世纪的全球农业的供给和需求，暗示世界的发展与农业承载力密切相关。

国内全面展开承载力的研究始于 20 世纪 80 年代。关于土地承载力、环境承载力、矿产资源承载力、水资源承载力等的研究在全国范围内开展起来。1986 年由中科院自然资源综合考察委员会等多家科研单位联合开展的"中国土地生产潜力及人口承载量研究"项目，是迄今为止中国进行的最全面的土地承载力方面的研究。彭再德等（1996）对上海市浦东新区进行了环境承载力的分析研究。余丹林等提出用于区域承载力评价的状态空间法，并将之应用于北方沿海区域的承载力研究中。高吉喜（2001）提出了生态承载力 AHP 综合评价法，并对黑河流域的生态承载力进行了评价。

（2）循环经济理论。

循环经济与知识经济并称为 21 世纪国际社会推进可持续发展的两大实践模式，强调经济、社会和环境三者的整合与协调发展。循环经济是基于循环生态原理并按系统工程方法组织的具有高效的资源代谢过程，完整的系统耦合结构及整体、协同、循环、自生功能的网络型和进化型复合生态经济。循环经济在本质上是一种生态经济发展模式，它要求把经济活动组织成一个"资源－产品－消费－再生资源"的循环反馈式流程，以代替传统经济的"资源－产品－消费－污染排放"的线性单向流动型经济，而物质和能源在这个不断进行的经济循环中得到合理和持久的利用，以把经济活动对自然环境的影响降低到尽可能小的程度。

循环经济的建立依赖以"减量化（Reduce）、再使用（Reuse）、再循环（Recycle）"为核心的行为原则，即减少污染物产生是循环经济流程的首要目标，包括采用减少原料使用量、制造工艺再设计等方式实现节约资源和减少污染排放，而对于不能削减但可以利用的废弃物应保证加以回收，实现废弃物的循环利用，最终对不能循环利用的废弃物需进行无害化处置。

循环经济理念从根本上拓展了人们对于资源范畴的认识。首先，传统意义上对环境产生严重危害的废弃物在循环经济理念下将得到社会的再认识，不可利用的污染物质将转变为世界上唯一在不断增加的潜在资源，把废弃物资源纳入循环经济体系既可保护生态环境，又增加了社会占有的资源和财富，缓解资源短缺对经济和社会发展的制约，实现可持续发展。其次，废弃物资源化过程改变了人们的资源价值观，由传统的"资源无价"观念改变为"资源有偿使用"观念，促使人们利用经济手段实现资源的减量化、再使用和再循环过程。

循环经济理念萌芽于 20 世纪 60 年代，美国经济学家肯尼斯·鲍尔丁在《宇宙飞船经济观》一文中提出，污染物质是未得到合理利用的"资源剩余"，应以能够循环利用各种物质的循环经济模式代替传统的线性经济模式，可有效解决污染问题。循环经济理念提出之后的近 20 年时间里基本停留在理念阶段，相关的科学研究和生产实践较少，人们对生产过程的认识局限于产业链模式，对污染物的管理则局限于"末端治理"层面，缺少以市场手段为主的污染控制模式，也没有意识到污染物源头控制和资源化循环利用的重要性。20 世纪 80 年代中期至 90 年代中期，可持续发展理念成为各个国家和地区发展的指导思想，污染物的对策视点转移到前端垃圾的减量措施方面。

20 世纪 90 年代以来，发达国家正在把发展循环经济，建立循环型社会看作实施可持续发展战略的重要途径和实现方式，有的国家以立法等方式推进循环经济发展，也得到了包括中国在内的许多发展中国家的响应。例如，德国 1996 年颁布实施了《循环经济与废物管理法》，规定对废物的优先处置顺序是"避免产生－循环使用－最终处置"；日本也在 2000 年通过和修改了多项环境保护法规，如《推进形成循环型社会基本法》《促进资源有效利用法》《容器包装循环法》等，形成较为完善的循环型法律体系。

与此同时，世界各国家和地区也进行了循环经济的生产实践，主要从企业内部的循环、企业之间的循环和社会循环三个层面进行。企业内部循环的典型案例是美国杜邦化学公司的循环经济模式，体现为企业内部各生产工序之间的原料循环利用和废料再加工后循环利用。企业之间循环的典型案例是丹麦卡伦堡生态工业园区模式，即在园区内建立以发电厂、炼油厂、制药厂和石膏板生产厂为主体的企业群，形成能够进行资源共享和副产品交换的工业企业共生体，进行废气、废水、废物和废热的贸易和再利用。社会循环的典型案例是德国的双轨制回收系统（DSD）模式，从社会整体循环的角度发展旧物调剂和资源回收产业，在社会范围内形成"自然资源－产品－再生资源"的循环经济模式。

中国也在循环经济理念在区域经济发展规划中的应用方面进行了积极探索和实践，包括在工业领域推行清洁生产，开展不同区域和行业的试点与示范，建设生态工业园区（如广西贵港、广东南海）、生态城市（如长春市、沈阳市等），以及以循环经济为核心的生态省建设和循环经济省建设等。理论研究方面，广大学者除了积极呼吁进行循环经济建设，探讨循环经济的基本原理与方法之外，还就循环经济理念在生态农业、生态工业、生态旅游、生态城市等方面的应用研究做了探讨，但付诸实施的较少。

二 相关研究方法

（一）概述

生态经济综合区划的研究，从本质上来说属于综合性区划。就区划研究本身来说，以前注重单项的或部门的区划，比如自然区划、经济区划及一些农业、林业的生态经济区划，而综合生态经济区划需要将这些专项区划相互结合，因此属于区划研究中的较高层次。

表2-1列出了生态经济学研究由低层次到高层次发展的趋势，可知生态经济综合区划研究属于高层次研究。首先，通过定性描述、数理统计案例分析等阶段的大量研究，积累了对生态经济状况及其本质与驱动机制的认识，还有区划所需的大量数据，使得基于定量分析的区划研究具备进行的可能性。其次，人们通过这些研究，特别是通过研究区域经济的发展与其优良生态环境间的紧密关联，认识到生态经济的协调耦合对于区域的可持续发展至关重要。

表2-1 生态经济的研究方法与内容

层次	研究方法	研究内容
低	定性描述	生态及经济状况
	数理统计案例分析	生态经济在区域内相互协调的规律
	案例分析	生态经济状况形成机制
高	生态经济综合区划研究	区域优化开发策略

在区域可持续发展的进程中，人们对自然状况和社会经济状况进行了全面的调查，建立了自然资源数据库，进行了各项自然及社会经济各部门的区划。区域生态经济发展战略及各种生态经济产业的研究逐步深化，为进行生态经济综合区划、制定区域优化开发战略、促进区域可持续发展奠定了理论

基础和方法依据。与此同时，各种尺度、等级的综合区划（包括生态经济及生态环境方面）成果日渐增多。

（二）生态经济区划相关研究方法

区划方案包含区划遵循的原则和使用的区划方法。遵循什么样的区划原则决定使用什么样的区划方法。"自上而下"（Top-down，又称顺序划分法）区划方法是为相对一致性原则而设计的，"自下而上"（Bottom-up，又称合并法）区划方法是为区域共轭原则设计的，这两种方法都是生态经济区划乃至一切单项或综合区划中最通用的方法。用"自上而下"方法进行区划时，主要是从宏观上掌握格局，以空间异质性为基础，按区域内差异最小、区域间差异最大的原则，以及区域共轭性划分最高级区划单元，然后依次将已划分出的高级别单元划分成低一级的单元，一直划分到最低级单元为止。一般大范围的区划和区划高、中级单元的划分多采用这一方法。如黄秉维的《中国综合自然区划纲要》，以地带性规律和主导因素原则，将全国陆地先按温度，再按干湿状况，最后按地形逐级划分。常用的具体方法有叠置法和主导因素法。叠置法就是若干自然现象的分布图和区划图重叠在一起，产生新多边形和新多边形范围内的属性，然后选择其中重叠最多的线条作为综合自然区划的界线（见图 2－1）。

| 经济分区 | 自然生态分区 | 生态经济分区 |

图 2－1　综合生态经济分区

由于自然界各种现象相互关联，所以叠置法在一定范围内可以适用，并且随着 GIS 技术的发展，叠置法和空间分析相结合，得到了越来越广泛的应用；主导因素法是选择主导因素作为分区依据，由此所得的区划界线，意义是明确的，但机械地运用该方法，往往不能准确地表现自然界的地域分异，区划界线总不免带有主观任意性。"自下而上"区划方法则相反，它以相似性为基础，通过对最小单位图斑的指标的分析，按相对一致性原则和区域共扼原则首先合并出最低级的区划单位，然后再在低级区划单位的基础上，逐步向高级合并，直到得出最高级别的区划单位。这多用于小范围和区划低级单位单元的划分。"自下而上"区划不但是"自上而下"区划的重要的补充，而且是"自上而下"区划的前提；只有进行了"自下而上"区划，才能得到较为准确的区划界线，"自上而下"区划的界限才具有可信度。

1. 聚类方法

（1）系统聚类分析方法。

关于传统系统聚类分析方法。将分类单元对应的指标因子构成分类矩阵。首先，用标准化后的数据计算分类单元的相似系数，利用多种统计量，即绝对值距离、欧式距离、切比雪夫距离等，较常用的是欧式距离。最后进行聚类分析，方法有最短距离法、最长距离法、中线法、重心法、组平均法、距离平方和法、可变数平均法等，较常用的是最短距离法和最长距离法。早期应用系统聚类的区划很多，李勇、肖笃宁（2003）应用主成分分析和系统聚类分析方法，对辽河三角洲进行生态经济区划，评价了辽河三角洲农业生态经济系统的功能状况。裴晓菲以县作为分区基本单元，运用6种聚类方法，对西藏昌都地区的11个县进行系统聚类，将其分成4个生态经济区，而且提到完全连接法、平方和增量法两种统计方法做出的分区最符合实际情况。

关于生态经济综合区划方法，既有理论的探讨也有实践的应用。潘贤君、胡宝清做了关于区域自然资源综合区划的探讨，以适当的面积为区划单元，采用定性和定量相结合的方法确定区划单元的主导资源和优势资源组合类型，再根据"主导资源相同、资源组合相似"的原则，对大连地区陆域自然资源区域进行了综合区划，特别着重分析了关于指标权重的规定。王礼先等认为生态经济分区是宏观管理区与社会经济发展的一种新模式，旨在协调区域经济发展与保护环境，利用自然资源的关系，实现区域社会经济的持续发展。他们从生态、经济系统的原理出发，应用系统聚类方法，对北京密云水库集水区进行了不重叠、内在的等级系统聚合分类。郑度（2000）等从理论上系统探讨了关于综合地理区划的若干问题，认为综合地理区划以可持续发展为目标，涉及自然和人为因素，依据的原则大体有自然和人文地域分异规律相结合。综合区划的指标体系应涵盖环境、资源、经济、社会和人口等方面，需选择有代表性的指标，要求简洁使用，避免复杂。所选择的指标应有区域可比性，能反映动态，可以量化，便于操作，进而使得出的结果作为划分区域发展状态地域类型的依据。

（2）模糊聚类分析方法。

模糊聚类分析是依据客观事物间的特征、亲疏程度和相似性，通过建立模糊聚类相似关系对客观事物进行分类的方法。L. A. Zadeh 在 1965 年创立了模糊集合论，随后 Bellman 和 Kalabaff Zadeh 提出了用模糊集来处理聚类问题。E. H. Ruspin（1969）引入了模糊划分的概念进行模糊聚类分析，第一个系统地表述并研究了模糊聚类。至今，越来越多的学者将模糊聚类应用于各个领域，使得模糊聚类在天气预报、气象分析、化学分析等领域均取得了满意的效果和客观的效益。

把模糊数学方法引入聚类分析，使得聚类分析更好地适应客观世界的模糊性，有效地对类与类之间有交叉的数据集进行聚类。简单地说，模糊聚类分析的方法是：设有一个有限论域 U（指研究对象的全体，这里指评价区域），确立评价区域集 V，确定从 U 到 V 上的模糊关系矩阵 R，通过传递闭包运算，进行聚类。

郑可锋运用模糊聚类方法，以乡镇为分区单位，对浙江省德清县进行生态经济区划并提到以定性角度分析问题的必要性。而运用现成的"模糊聚类 BASIC 程序"调试求解，更是大大地减小区划研究的工作量，使得分类结果较精确。包晓斌也以乡镇作为基本单元，采用 ISOTATA 模糊聚类区划方法将黄河的一级支流昕水河流域地区划分为 3 个类型区。杨爱民等则更加确切地分析了 ISOTATA 模糊聚类区划方法的优点，通过迭代计算得到分类结果，而且能对分类效果进行检验，主观随意性小，并以此方法选取 31 个生态经济指标，以行政县为单元，把三峡库区分为 4 个生态经济区。

（3）星座聚类分析。

星座聚类分析又称灰色星座聚类图方法。灰色星座聚类图是图解多元分析中的一种方法。其基本原理是：将每个样点按一定数量关系点在一个半圆之中，每个样点用一个星点表示，同样的样点便可以组成一个"星座"，然后归类并区分不同"星座"的界限，从而得到星座聚类图。灰色思想近年来在评价与分区工作中应用非常广泛。阎伍玖（1994）引入了灰色系统理论中的关联度分析法，通过灰色关联优势分析，建立了模糊综合评判——灰色关联分析复合模型，对马鞍山市环境进行了评价与分区研究。胡宝清等（1999）以农业生态经济区划原则为基础，应用星座聚类分析方法，将广西融水苗族自治县划分为2级4个农业生态经济区，并对各类型区的现状及农业生产发展方向进行综合分区。王力等（1999）采用灰色星座聚类图方法，选择10个代表自然、经济和社会的指标，对重庆市石柱县进行了生态经济分区。

2. 结合 RS 与 GIS 的综合区划方法

结合遥感技术（RS）与地理信息系统（Geographic Information System, GIS）对地域系统进行空间模拟与空间分析，使区划结果由基于行政基本单元发展为基于相对均质的地理网格单元，大大提高了区划成果的精度和准确度。其快速方便的特点使区划研究由静态走向动态，由平面走向立体，满足区域可持续发展中的需求。

地理信息系统是20世纪60年代中期开始发展起来的一门新的技术，目前，已成为地学分析、研究和应用的强有力的技术工具。地理信息系统，是在计算机软件和硬件的支持下，运用系统工程和信息科学的理论，科学管理和综合分析具有空间内涵的地理数据，以提供对规划、管理、决策和研究所需信息的技术系统。简单地说，地理信息系统就是综合处理和分析空间数据的一种技术系统（黄杏元等，2001）。

遥感技术是应用探测仪器，不与探测目标相接触，从远处把目标的电磁波特性记录下来，通过分析，揭示物体的特征和性质及其变化的综合性的探测技术。通过遥感影像处理系统从遥感图像中获取不同类型的专题制图，作为GIS数据库中的重要数据源。遥感技术路线如图2-2所示。

王平等（2003）将GIS方法与自然灾害综合区划融合，提出了基于基本单元的图斑合并方法，通过提取基本单元的空间邻接系数进行自然灾害综合区划，并取得了较满意的成果。将地理信息系统的空间分析功能与传统的区划方法结合，分析了农业气候资源与空间地理条件对农作物布局的综合影响，得出了客观精确的区划成果。GIS 方法也广泛应用于生态经济综合区划的研究，但是由于生态经济综合区划所需基础数据的缺乏，只能在有限的条件下充分利用各种空间数据。高群、毛汉英（2004）采用"自上而下"的生态要素宏观分析与"自下而上"的经济要素微观分析相结合的方法，运用 GIS 分析手段对复杂的自然生态要素与人类经济活动的时空变化及其相互作用进行分析和表达。以地处三峡库区腹地的典型山地县云阳县为例，根据不同区域所表现出来的对生态变化与人类经济社会活动变化的承载力差异，进行综合生态经济区划。

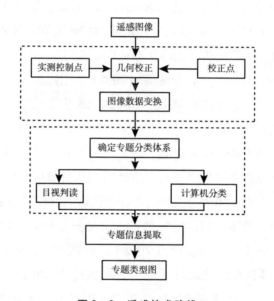

图 2 - 2　遥感技术路线

三　相关经济发展模式研究

（一）生态经济发展模式

生态经济是以生态学和系统论为理论基础，使经济活动效仿生态系统的运行方式和规律，实现经济活动的生态化。它注重经济系统与生态系统的有机结合，强调经济与生态的协调和共生发展。发展生态产业和循环经济是实现生态经济发展模式的主要途径。生态产业可理解为"生态化"的产业。所谓生态化，是指产业依据生态系统的有机循环原理，在不同类别的产业间形成类似于自然生态链的关系，从而充分利用资源，减少废物产生，促进物质循环利用，提高经济发展规模和质量（薛达元等，2008）。循环经济要求经济活动按照生态系统的物质循环和能量流动规律重构经济系统，改变经济系统中的物质运动模式，实现物质的循环代谢，是一种"资源－产品－再生资源"闭环反馈流程的生态经济发展模式。它以资源多重环状反馈利用为特征，遵循"减量化、再利用、再循环"的3R原则，旨在合理利用自然资源和环境容量，实现经济活动的生态化。

在发展生态产业方面，孔令丞等（2005）提出，产业系统单向线性经济模式的反生态特征，导致自然生态环境的严重退化。产业生态化使线性增长模式向循环增长模式转变，形成相对闭合的能量与物质的循环系统，不断提高循环利用自然资源和恢复自然生态系统的能力。王如松（2005）认为，产业生态转型就是要通过生产方式、生活模式和价值观念的改革，去合理、系统、持续地开发和利用生态资产，为社会提供高效和谐的生态服务，建立一种整体、和谐、公平、持续的自然和人文生态秩序。在发展循环经济方面，曲格平（2002）、吴季松（2003）、解振华（2004）、诸大建等（2008）对其必要性和意义进行了探讨，可概括为：我国经济发展存在严重的自然资本制约，必须发展循环经济，走新型工业化发展道路，才能有效克服资源和环境危机。循环经济是我国自然资本稀缺条件下经济增长的新模式，也是新型工业化的必由之路。周宏春（2002）、马凯（2005）、钱易（2007）也对我国发展循环经济的对策和措施进行了探讨，主要包括在资源开采环节提高资源综合开发和回收利用率，在资源消耗环节提高资源利用效率，在废弃物产生环节开展资源综合利用和实现废物资源化，在社会消费环节提倡绿色消费。加快循环经济技术开发、示范和推广应用，逐步形成技术支撑体系。通过法规制度和经济手段，引导和激励循环经济的发展。

（二）绿色经济与绿色发展模式

"绿色经济"是一个宏观层面的广义概念，凡是有利于资源节约、环境保护和可持续发展的经济活动均可被称为绿色经济，它包括绿色农业、绿色能源、绿色投资、绿色消费、绿色服务、绿色技术研发等绿色产业。绿色发展重视实现经济发展与生态环境保护的双赢，强调生态文明和以人为本，是资源节约型和环境友好型的可持续发展模式（胡鞍钢，2004）。

联合国开发计划署和斯德哥尔摩国际环境研究院的《中国人类发展报告2002：绿色发展，必选之路》提出，我国环境退化已相当突出，成为未来发展的主要影响因素，应对政策进行重新定位和调整，选择绿色发展道路。2003年以来，胡鞍钢先后提出，我国人口众多、资源相对不足、资源质量不高、环境承载能力较弱，正处于工业化加速阶段和经历资源、能源利用的密集化过程，面临着严峻的资源危机和生态环境挑战。传统高能耗、高污染、低效率的黑色发展模式难以为继，必须转向绿色发展模式，实现绿色崛起战略。生态资本稀缺、生态服务与生态产品短缺是制约我国发展的重要限制因素。林业是集经济、社会和生态效益为一体的劳动密集型产业。发展林业利于扩大生态资本，还能扩大内需和增加就业，应将林业作为重点投资领域，借此推进经济发展模式的战略性转变。应在气候变化背景下，抓住全球发展绿色工业革命的机遇，加快绿色经济发展。同时，应限制烟草制造业一类健康危害型产业发展，大力发展健康友好型产业。

（三）低碳经济与低碳发展模式

低碳经济是在全球气候变化背景下提出的一种经济发展形态。2003年，英国白皮书《我们未来的能源——创建低碳经济》首次正式提出低碳经济（Low-carbon Economy）的概念，指出低碳经济是通过更少的自然资源消耗和环境污染，获得更多的经济产出，并为创新和应用先进技术、创造更多就业机会以及更高生活质量提供新的途径和机会。此后，国内外学者对低碳经济的概念进行了积极的探讨。综合不同学者的观点，低碳经济是对化石能源依赖度较小和温室气体排放较低的一种经济发展形态。低碳经济发展模式就是以低能耗、低排放和高能效为目标，以低碳产业为核心，以低碳技术为动力的发展模式。近年来，众多学者对我国发展低碳经济的挑战、途径和对策等展开了积极的探讨和研究。

第一，在发展低碳经济挑战方面，张坤民（2008）、庄贵阳（2008）、郎春雷（2009）、金乐琴等（2009）、冯之浚等（2009）对此进行了探讨，他们的观点可概括为：发展低碳经济已成为世界经济发展的大趋势，发达国家技术水平较高，并积极采取措施加强低碳技术研发，开发利用新型替代能源，抢占低碳经济的制高点。而我国受发展阶段、发展方式、资源禀赋、贸易结构、锁定效应等因素的制约，经济发展中大量消耗能源，碳排放总量大，面临严峻的经济、外交和生态环境保护的挑战。具体体现为人口数量众多，经济增长快，处于以重化工业为主导的工业化中期阶段，以及城市化的加速发展阶段，技术水平相对较低，发展方式粗放，能源消耗大，能源利用效率低。大量高耗能产品出口，导致大量内涵能源出口。能源禀赋较差，化石能源占能源总量的92%，其中煤炭占68%，电力生产的78%依赖燃煤发电。

第二，在发展低碳经济途径和对策方面，庄贵阳（2005）、吴晓青（2008）、金涌等（2008）、张坤民（2008）、诸大建（2008）、鲍健强等（2008）、付允等（2008）、冯之浚等（2009）、周宏春（2009）、任力（2009）、郎春雷（2009）、黄栋等（2009）、刘卫东等（2010）对此进行了较多的研究，并从调整产业结构和能源结构、发展低碳技术、转变消费方式、政策支持等方面，提出我国低碳经济发展的途径和对策。具体内容包括：加快产业结构调整，限制高碳产业的市场准入，控制高碳产业的发展速度，积极培育和发展低碳农业、低碳工业，发挥林业"碳汇"潜力，推动产业发展向微笑曲线的两端延伸，降低能源消耗强度；积极发展绿色、清洁能源，调整能源结构，降低对化石能源的依赖；参与国际技术合作，增强自主创新能力，研发低碳技术；发展循环经济，提高能源利用效率；遏制奢侈浪费，建立低碳生活方式和消费模式；加强制度创新，建立国家碳交易机制和碳交易市场，设立碳基金激励低碳技术的研发，积极运用政策手段促使企业承担发展低碳经济的社会责任，营造良好的低碳经济发展环境。

上述经济增长方式和经济发展模式转型对产业结构调整具有重要的指导意义。一方面，应改变主要依靠资本和自然资源投入拉动经济增长的传统发展方式，大力发展劳动密集型产业，充分利用人力资本，并重视促进技术进步和效率提高，加快自然资本的培育和增值。另一方面，生态经济、绿色经济、低碳经济是世界经济发展的新形态和新趋势，并与我国实践科学发展观、建设生态文明和"两型"社会具有本质上的一致性。应依据其内涵和发展模式，对产业结构做出前瞻性和战略性调整，促进产业向生态化、绿色化和低碳化发展，加快生态资产积累，降低物耗和能耗强度，最终实现经济发展方式的根本转变和区域可持续发展。

第三章
生态经济区划指标体系

一 生态经济区划目标与原则

（一）生态经济区划的目的

北方沿海地区的生态环境存在明显的区域差异，因而生态环境建设或者经济发展模式都不应该是千篇一律的，应该根据区域资源环境特点，因地制宜地选择发展模式。要做到这一点，就要有一个既依托生态和环境条件，又顾及经济发展的生态经济区划。过去对北方沿海地区做过各种规划，有综合规划也有专项规划，但这些规划都存在明显的不足：其一是这些规划都没有真正地建立在自然环境规律基础上；其二是没有把生态环境建设规划与经济发展规划统一起来；其三是过去的经济规划中考虑地貌形态对经济影响的比较少，经济区都是以行政区划为单元，缺少产业发展的区域特性。

针对北方沿海地区的自然生态环境和经济发展的历史教训、实际治理情况和现实需要，北方沿海地区的生态环境建设和经济发展都迫切需要有一幅具有战略意义的、综合性的生态环境建设与经济发展战略融合在一起的区划图和一个总的生态经济发展战略。这个问题也一直是学术界讨论的热点问题，但至今没有一个明确的生态经济发展战略方针。如果没有一个总的生态经济发展战略，就很难有效地布设北方沿海地区的生态经济项目，为此而进行的北方沿海地区生态经济区划和分区功能定位的研究就成为必然。

本书的理论意义在于尝试自然环境科学和社会经济学如何结合，也尝试经济区划单元以行政单元和地貌类型单元进行比较，以北方沿海地区作为一个特定的研究对象来进行生态经济区划的研究是对区域生态经济研究理论的进一步完善和补充；它的应用意义就是可操作性、可直接指导分区生态环境建设和区域经济发展战略布设，实现北方沿海地区生态经济区划空间整合目标，同时还可以直接用于指导县域或其他区域的规划建设。图 3 – 1 是北方沿海地区生态经济区划空间整合目标。

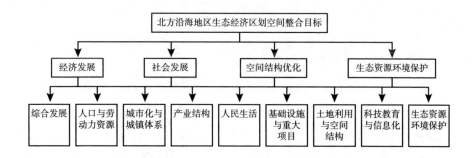

图 3 – 1　北方沿海地区生态经济区划空间整合目标

通过分析北方沿海地区生态经济系统要素、结构、功能的地域分异规律，认识区域生态经济系统的空间分异格局，对北方沿海地区进行生态经济区划。明确各生态经济区面临的主要生态经济矛盾及其产生原因，便于分类指导，有针对性地提出不同生态经济区的产业发展重点及结构调整对策。

（二）生态经济区划的原则

1. 区内相对一致性和区间差异性相结合原则

区域生态经济系统特征受地带性因素和非地带性因素的综合影响，其地域差异性和相似性是客观存在的。生态经济区划是对其区内相对一致性和区间差异性加以识别，并进行区域的划分与合并。区内相对一致性和区间差异性相结合，是生态经济区划的重要原则。受区域因素的制约，区内相似性是相对的，不可能是均质的，而且不同等级区域单位各有其相对一致性的标准。

2. 生态经济系统的等级性原则

区域生态经济系统是一个包容性等级系统，具有明显的尺度特征。低等级的组分依赖高等级组分的存在，而高等级组分的特征在低等级组分中能得到反映。区域生态经济系统等级包括生态经济系统结构等级和生态经济过程等级两方面。生态经济过程与格局之间的关系取决于区域尺度，低层次的非平衡过程可以被整合到高层次的稳定过程中。随着等级的增大，研究空间单元就会增大，分辨率就会降低。等级性原则是进行生态经济区逐级划分或合并的重要原则。

3. 综合分析与主导因素相结合原则

区域生态经济系统的结构、功能及其发展是多因素综合作用的结果，生态经济区划是一种综合区划。因此，进行生态经济区划，必须综合分析生态、经济要素之间的相互作用方式、过程和结果，认识其地域分异的规律性。同时，由于各因素作用的强度不同，往往存在对生态经济系统起支配作用的因素，即主导因素。而且生态经济因素的地域分异复杂，进行生态经济区划时，必须在形成各生态经济区特征的诸要素中找出起主导作用的因素，选取主导因素指标作为分区依据。

4. 行政单元完整性和区域共轭性原则

从理论上来讲，生态经济区划不一定与行政区划界线完全一致，但由于生态建设、经济活动受行政区划以及区域政策的影响较大，因此生态经济区划的界线应尽量与行政区划界线保持一致。北方沿海地区生态经济区划以县级行政区为基本单元，生态经济区划应保持县级行政界线的完整性。

区域共轭性原则，又称空间连续性原则，是区划的基本要求，也是区域划分与类型区划分的不同之处。分区界线既要体现地域分异，又要保证地域在空间上是一个连续的地域单位，不存在彼此分离的部分。根据这一原则，尽管山间盆地与其邻近山地在生态经济特征方面存在较大差异，但必须把两者合并为更高级的区域单位。同理，尽管可能存在两个生态经济特征类似，但彼此隔离的区域，不能把它们划为一个区域单位。

（三）分区等级及命名

北方沿海地区地形地貌多样，生态经济系统的地域差异复杂。区划分级单调难以反映生态经济系统的地域差异及其规律，而区划分级过多则会使问题复杂化并降低可操作性。因此，本书遵循精简性和可操作性相结合的原则，进行二级分区区划，即一级区为生态经济区，二级区为生态经济亚区。

区划单位的命名是生态经济区划结果的体现和标识。理论上，区划单位命名应体现其生态经济特征、类型、主体功能等重要属性。但北方沿海地区生态、经济要素及其组合的空间分异较大，而且生态经济区划属于综合区划，很难用简洁的语言对其综合属性和特征加以概括。另外，北方沿海地区生态、经济要素的空间差异受到地势地貌因素的强烈影响。因此，不同等级生态经济区命名方法如下：

一级区：地理位置 + 大地貌类型 + 生态经济区

二级区：地区名称 + 较小尺度地貌类型 + 生态经济亚区

二 生态经济区划指标体系

（一）生态经济区划指标选择标准

指标体系构建是综合区划研究过程的基础环节，它关系到最终区划结果的科学性与合理性。黄土高原生态经济分区指标的设置，应以经济学和生态学为基础，在生态经济分区原则的基础上，以实际需要和可能为出发点，并考虑到北方沿海地区自然地域分布规律和人类经济活动区域异同规律，遵循科学系统性、代表性、差异性、独立性、可行性、宜量化等基本原则进行设置。同时，要坚持生态平衡观点和可持续发展的观点，符合科学原理和主客观要求。

1. 一级区为生态经济区指标选取标准

较高级别单位区域范围大，社会经济状况复杂，区划应以水平地带性和垂直地带性因素为主。生态经济综合地域分异规律的高级单位以生物气候原理为基础（郑度，1996）。气候是重要的环境因子，气温、降水等直接决定生物种类及其空间分布，对人口和经济活动的空间分布也产生较大影响。大地貌格局对气温、降水的影响较大，导致水热条件的空间分异，也是区域人居环境、经济发展成本、经济布局的重要影响因子。因此，生态经济区划首先应考虑大地貌分异格局。在此基础上，进一步考察气温、降水等气候因子的空间分异。同时，生态经济区划以区域生态经济系统为对象，还要考察人类经济活动的空间分异特征。

2. 生态经济亚区划分指标选取标准

较低级别单位区域的范围较小，自然要素差异相对较小。因此，亚区划分以社会经济要素为主，侧重考虑一级区内更低级生态经济系统结构、功能和类型的分异。北方沿海地区自然条件复杂，生态、经济因子空间分异较大。在亚区划分时，由于要从经济发展水平、经济结构、人口状况、生态环境状况、土地利用结构和程度等多个方面进行综合考察，所需考虑的指标较多。因此，按照科学性、系统性、可比性、可行性原则，分别构建区域生态环境支撑能力、人类活动强度、经济发展水平三大综合指标的评价指标体系。在此基础上，通过多元统计分析，得到三大综合指标，并以它们的大小及其组合状态，作为亚区划分的主要依据。

（二）生态经济区划指标体系构建

1. 一级区为生态经济区指标体系

笔者考虑到生态环境和社会经济指标较多，首先根据已有的文献研究、数据的可获得性和因子分析法对指标进行了筛选，然后在广泛征求专家的意见后对指标进行了确认，最后采用德尔菲法对指标赋权重，比较有效地避免了指标的共线问题和权重确定上的主观性问题，并建立起北方沿海地区各县（市）评价指标体系（见表 3-1）。

表 3-1 一级生态经济区划指标体系

综合指标	一级指标	二级指标	三级指标
生态环境	气候	年降雨量	—
		年蒸发量	—
		年均气温	—
		年积温	—
		年无霜期	—
		年日照时数	—
	生态脆弱性	地貌特征	海拔
			坡度
		生态背景	森林覆盖率
			土壤侵蚀率
			干燥度
		地质灾害	泥石流
			滑坡
			地震
社会经济	综合经济水平	GDP	总 GDP
			人均 GDP
			GDP 年均增长率
		财政收入	总财政收入
			人均财政收入
		固定资产投资	总固定资产投资
			人均固定资产投资
		三产结构	—
		商品零售额	零售总额
			人均零售额
		农民人均纯收入	—
	社会发展水平	万人大学生数	—
		万人病床数	—
		人均科技投入	—
		城镇化率	—
		公路网密度	—
		人口密度	—

一般而言，气候是大尺度下生态系统的主要决定因素，而地貌对水热因子的分布起重要的作用，社会经济指标则是进行中小尺度划分时需要重点考虑的指标，这三种尺度的指标在区划的过程中都被确定为主要指标之一。

生态环境指标选择。生态环境指标的选择主要从气候、地貌特征、生态背景、地质灾害四个方面考虑。

综合经济水平指标是衡量地区发展水平和经济实力最为重要的一组指标。这组指标既考虑不同区域的经济总实力，又考虑人均经济情况，反映人均经济水平。在指标选择上分别用 GDP、财政收入、固定资产投资、三产结构、商品零售额、农民人均纯收入等指标来刻画。

社会指数采用反映居民素质的万人大学生数，反映居民就医条件的万人病床数，反映科技水平的人均科技投入，以及城镇化率（非农人口占总人口的比重）、公路网密度和人口密度为分指标，以尽可能客观地反映各地区的分异。

2. 生态经济亚区指标体系

（1）生态经济亚区指标体系构建。

区域综合承载力指数表征区域资源环境系统对区域经济系统和区域社会系统承载能力的综合评价。区域资源环境系统由生态环境支撑因子和自然资源支撑能力构成。区域经济系统由经济发展水平指标表征，从经济实力、经济效益、经济结构三个方面反映。区域社会系统指标则反映区域社会发展水平。协调指数用来反映经济、资源、人口三系统间的相互联系与作用。相关性指数反映地区间经济发展在空间上的自相关程度（见表 3 - 2）。

（2）主要指标内涵及计算。

森林覆盖率，又称有林地面积指数，指林地面积占土地总面积的百分比，反映生态环境状况和农业生态系统的质量水平、结构功能状态。计算公式为：

$$森林覆盖率 ＝ 林地面积／土地总面积 × 100\%$$

表 3 – 2　生态经济亚区划分指标体系

综合指数	系统	二级指标	三级指标	单位	指标表征方向及内容
区域综合承载力指数 CW	区域资源环境系统	生态环境支撑因子	X_1 森林覆盖率	%	生态系统稳定性
			X_2 植被覆盖指数	—	生态系统稳定性
			X_3 生物丰度指数	—	生态系统稳定性
			$X_4 \geqslant 10℃$ 年积温	℃	热量条件
			X_5 年平均降水量	毫米	水分条件
			X_6 干燥度指数	—	逆向,生态环境脆弱性
			X_7 地表起伏度	—	逆向,生态环境脆弱性
			X_8 平均海拔高度	m	逆向,生态环境脆弱性
		自然资源支撑能力	X_9 水田面积比重	%	耕地资源质量
			X_{10} 人均耕地面积	公顷	耕地资源数量
			X_{11} 人均林地面积	公顷	农业生态环境质量
			X_{12} 耕地粮食单产	千克/公顷	耕地资源质量
	区域经济系统	经济实力	X_{13} 地均 GDP	元	经济活动空间密度
			X_{14} 农民人均纯收入	元	农村经济发展水平
			X_{15} 人均储蓄存款余额	元	经济发展水平
		经济效益	X_{16} 人均财政收入	元	经济发展效率
			X_{17} 人均 GDP 增长率	%	经济增长速度
		经济结构	X_{18} 第二产业增加值比重	%	产业结构高度
			X_{19} 第三产业增加值比重	%	产业结构高度
	区域社会系统		X_{20} 万人大学生数	人	区域教育发展水平
			X_{21} 万人病床数	张	区域医疗卫生发展水平
			X_{22} 人均科技经费	元	区域科技发展水平
			X_{23} 城镇化率	%	区域城镇化发展水平
			X_{24} 公路网密度	千米/平方千米	区域交通发展水平

综合指数	系统	二级指标	三级指标	单位	指标表征方向及内容
协调指数 CHI		经济因子	X₂₅人均GDP	元	经济活动规模
			X₂₆地均GDP	元	经济活动空间密度
		资源因子	X₂₇土地垦殖率	%	土地利用强度
			X₂₈陡坡耕地面积指数	—	20°以上坡耕地面积比重
			X₂₉农村人均粮食产量	千克	耕地产出强度
			X₃₀人均用水量	立方米	水资源利用强度
		人口因子	X₃₁人口密度	人/平方千米	单位面积人口规模压力
			X₃₂人口集聚度	–	相对人口集聚程度
			X₃₃人口自然增长率	‰	人口增长速度
相关性指数 RI			全局空间自相关系数 Moran' I	—	区域全局空间自相关程度
			局部空间自相关系数 LISA	—	区域局部空间自相程度

植被覆盖指数。区域内林地、草地、耕地、建设用地和未利用地5种类型面积占区域总面积的比重，用于反映被评价区域植被覆盖的程度（见表3-3）。区域植被覆盖程度是反映其生态环境质量的重要指标。森林生态系统作为陆地生态系统的主体，对区域环境变异的抗干扰能力或增加区域缓冲能力具有重要意义。因此，林地权重最大，草地次之。计算公式为：

植被覆盖指数 = $Aveg$ × (0.38 × 林地面积 + 0.34 × 草地面积 + 0.19 × 耕地面积 + 0.07 × 建设用地面积 + 0.02 × 未利用地面积)/区域面积

其中，$Aveg$ 为植被覆盖指数的归一化系数。归一化系数 = 100/$A_{最大值}$，$A_{最大值}$ 为指数归一化处理前的最大值。将归一化处理前数据乘以 $Aveg$ 的目的是把数据映射到 0~100 的范围内。

表 3 – 3 植被覆盖指数权重

类型	林地			草地			耕地		建设用地			未利用地			
权重	0.38			0.34			0.19		0.07			0.02			
结构类型	有林地	灌木林地	疏林地和其他	高覆盖度草地	中覆盖度草地	低覆盖度草地	水田	旱地	城镇建设用地	农村居民点	其他建设用地	沙地	盐碱地	裸土地	裸岩石砾
分权重	0.6	0.25	0.15	0.6	0.3	0.1	0.7	0.3	0.3	0.4	0.3	0.2	0.3	0.3	0.2

资料来源：环境保护部《生态环境状况评价技术规范》（HJ/T 192 – 2006）。

生物丰度指数。生物丰度指数通过单位面积上不同生态系统类型在生物物种数量上的差异，反映区域内生物丰度的丰贫程度（见表 3 – 4）。计算公式为：

生物丰度指数 = $Abio$ × (0.35 × 林地面积 + 0.21 × 草地面积 + 0.28 × 水域湿地面积 + 0.11 × 耕地面积 + 0.04 × 建设用地面积 + 0.01 × 未利用地面积)/区域面积

其中，$Abio$ 为生物丰度指数的归一化系数，其计算方法同上。

表 3 – 4 生物丰度指数权重

类型	林地			草地			水域湿地			耕地		建设用地			未利用地			
权重	0.35			0.21			0.28			0.11		0.04			0.01			
结构类型	有林地	灌木林地	疏林地和其他	高覆盖度草地	中覆盖度草地	低覆盖度草地	河流水库	湖泊水库	滩涂湿地	水田	旱地	城镇建设用地	农村居民点	其他建设用地	沙地	盐碱地	裸土地	裸岩石砾
分权重	0.6	0.25	0.15	0.6	0.3	0.1	0.1	0.3	0.6	0.6	0.4	0.3	0.4	0.3	0.2	0.3	0.3	0.2

资料来源：与表 3 – 3 相同。

大于或等于 10℃ 年积温，指日平均气温大于或等于 10℃ 期间的积温，是衡量多数作物可以利用热量资源的主要标志，是衡量作物生长发育对热量条件要求和评价热量资源的重要指标。

干燥度指数。干燥度指数反映区域水热条件的胁迫程度，干燥度指数越大，表明生态环境越脆弱。计算公式为：

$$K = 0.16 \times \frac{\sum T_{\geqslant 10}}{R}$$

其中，K 为干燥度指数，$\sum T_{\geqslant 10}$ 为大于或等于 10℃ 积温，R 为同期多年平均降水量。

地表起伏度。地表起伏度是地貌因素对生态环境脆弱度的重要影响因子。地表起伏度越大，地形对生态环境的"应力"或"胁迫"越大，生态环境越脆弱。借鉴牛文元等（1996）的研究成果，将北方沿海某一区域的地表起伏度定义为：

$$RDLS_i = \frac{Max_h - Min_h}{Max_H - Min_H} \times \left(1 - \frac{PA_i}{A_i}\right)$$

其中，$RDLS_i$ 为 i 区域的地表起伏度，Max_h、Min_h 分别为 i 区域的最高与最低海拔（米），Max_H、Min_H 分别为北方沿海地区最高与最低海拔（米），PA_i 为 i 区域的坝区面积（包括坡度小于 8° 的低丘台地，单位为平方千米），A_i 为 i 区域的总面积（平方千米）。

水田面积比重，即水田面积占耕地面积的百分比。耕地包括水田和旱地，相对而言，水田是耕地中的精华。因此，水田面积比重可以用作反映耕地质量的指标。计算公式为：

水田面积比重 = 水田面积／耕地面积 × 100%

人均耕地面积，指耕地总面积与总人口的比值，反映区域耕地资源的丰缺程度和人地关系状况，衡量耕地资源数量对于食品安全的保障能力。计算公式为：

人均耕地面积 = 耕地总面积／人口总数

北方沿海地区农业活动对自然环境的依赖程度高，影响较大，因此，计算时采用农业人口总数。人均林地面积计算与此相同。

土地垦殖率，指区域内耕地面积占土地总面积的百分比，反映区域土地资源开发程度和土地利用强度。计算公式为：

土地垦殖率 = 耕地面积／土地总面积 × 100%

　　陡坡耕地面积指数，指 25°以上的陡坡耕地面积占耕地总面积的百分比，是反映土地资源开发强度的一个重要指标。计算公式为：

陡坡耕地面积指数 ＝ 陡坡耕地面积／耕地总面积 × 100%

　　人口密度，指单位土地面积的人口数量，反映单位面积人口规模。人口规模影响能源和资源的开发利用程度、消耗速度和规模，是人类活动对生态环境"应力"和"胁迫"程度大小的主要影响因素。计算公式为：

人口密度 ＝ 区域人口总量／区域土地总面积

　　人口集聚度。人口集聚度反映区域的人口相对于背景区域人口的集聚程度。人口聚集程度不同，进而自然生态系统受干扰和改造的程度不同。计算公式为：

$$PA_i = \frac{P_i/A_i}{P/A}$$

　　其中，PA_i 为 i 区域人口集聚度，P_i 为 i 区域人口数，A_i 为 i 区域土地面积（平方千米），P、A 为背景区域人口总数和土地总面积。

第四章
生态经济区划模型研究

一 资源环境承载力模型

本书采用环境区域资源承载力指数作为衡量各个生态经济区资源环境承载力的区划特征性指标，基于此建立区域资源环境承载力评价模型。

区域资源环境承载力是对区域资源、社会、生态与经济协调发展状况进行综合评价与研究的依据和标准。利用区域资源环境承载力评价模型确定该综合评价指标，使其能够全面客观地反映区域资源环境对区域社会、经济发展的承载状况，是指导生态经济区划的基础。因此，本书从系统论的角度出发，即将经济、社会发展、资源环境视为一个大系统，构成这个大系统的三个子系统间是辩证统一的关系，建立区域资源环境承载力综合评价模型。

（一）综合评价指标体系确立

本书在前人研究的基础上，综合频度统计与理论分析方法选取指标，即对目前有关协调发展评价研究报告和论文进行频度统计选取使用频率较高的指标，同时对区域经济、社会、资源环境复合系统的内涵、特征、基本要素等主要问题进行分析、比较、综合，选择了与和谐发展联系紧密且针对性较强的指标。综上，本书构建了区域社会、区域经济、区域资源环境复合系统综合评价指标体系。

（二）区域资源环境承载力综合评价模型建立

1. 区域资源环境承载力综合指标 *CW*

根据综合评价指标体系，定义区域资源环境承载力综合指标 *CW* 表达式为：

$$CW = Ch \frac{Cr}{\sqrt{\frac{1}{2}(E^2 + S^2)}}$$

其中，*Ch* 为区域经济、区域社会与资源环境复合系统协调指数，区域社会发展水平指数为 *S*，区域经济发展水平指数为 *E*，利用 SPSS 软件，选择因子分析法（Factor Analysis），对标准化数据进行统计分析，将原来具有一定相关性的多维变量通过线性变换，重新组合成较少的综合变量（因子），用以替代原来较多的变量，并进行综合评价。具体过程为：采用 Data Reduction 中的 Factor Analysis 模块，选择主成分法（Principal Components）提取公因子。在此基础上，计算各因子得分和各因子权重，再将各因子加权求和得到综合得分值。

区域资源环境指标 *Cr* ：

$$Cr = \alpha f(x) + \beta(y)$$

生态环境因子：

$$f(x) = \sum_{i=1}^{m} a_i \vec{x_i}$$

资源因子：

$$g(y) = \sum_{i=1}^{m} b_j \vec{y_j}$$

α、*β* 为待定权数，采用熵值法进行计算。熵是信息论中测定不确定性的量，信息量越大，不确定性就越小，熵值也就越小；反之，信息量越小，不确定性就越大，熵值也就越大。熵值法就是用熵值来确定复合系统中各项指标的权重，根据客观社会、经济与资源环境质量状况的原始信息载量的大

小来确定指标的权重，通过这种指标变异度的研究分析各指标间的联系程度，在一定程度上避免了主观因素带来的误差。

熵值法确定指标权重的步骤如下。

第一步，将指标值 x_{tj} 做正向化处理，对评价指标做比重变换：

$$\rho_{tj} = \frac{x_{tj}}{\sum\limits_{j=1}^{n} x_{tj}}, t \text{ 为指标值所处时间}, 1 \leq j \leq n;$$

第二步，对评价指标的熵值进行计算：$\varphi_j = -\sum\limits_{t=0}^{r} \rho_{tj}[\ln\rho_{tj}]$；

第三步，将熵值逆向化：$\omega_j = \frac{\max\varphi_j}{\varphi_j}, \omega \geq 1, j \in [1, n]$；

第四步，计算标值 x_{tj} 的权重：$\varphi_j = \frac{\omega_j}{\sum\limits_{j=1}^{n} \omega_j}$。

根据模型计算数值，将区域资源环境承载力综合指标 CW 度量标准确定如下（见表 4-1）。

表 4-1 区域资源环境承载力综合指标度量标准

CW	0.00 ~ 0.50	0.51 ~ 0.80	0.81 ~ 1.00	1.01 ~ 1.30	> 1.30
承载等级	承载盈余	承载适宜	濒临超载	轻度超载	严重超载

2. 复合系统协调指数模型

对于经济、社会与资源环境复合系统而言，在复合系统研究相对均衡点，资源环境、社会、生态与经济子系统的有序度为 $\bar{u}_k(\bar{e}_k), k = 1, 2, 3, 4$，$\bar{u}_k(\bar{e}_k)$ 为各区域指标的多年平均值。对于区域社会、区域经济与资源环境复合系统发展演变过程中的某一时刻 $t_{(r)}$ 而言，其协调指数函数计算方法如下：

$$Ch = \theta \sqrt[4]{\prod_{k=1}^{4} [u_k(e_k) - \bar{u}_k(\bar{e}_k)]}, C_{t_{(r)}} \in [-1, 1]$$

$$\theta = \frac{\min\limits_{k}[u_k(e_k) - \bar{u}_k(\bar{e}_k) \neq 0]}{|\min\limits_{k}[u_k(e_k) - \bar{u}_k(\bar{e}_k) \neq 0]|}, k = 1, 2, 3, 4$$

Ch 协调指数取值越大，表明区域社会、区域经济与资源环境复合系统协调发展程度越高，反之则越低；另外，只要 $u_k(e_k) \geq \bar{u}_k(\bar{e}_k)$，$k = 1, 2, 3,$ 4 至少有一个不成立时，表明该复合系统中至少有一个子系统正朝向无序方向发展，即意味着复合系统出现非协调发展状态。将社会、经济、资源环境三个子系统指标数据导入复合系统协调指数模型，计算可得区域经济、区域社会与资源环境复合系统协调指数 Ch。

二级生态经济区划协调指数 Ch 的计算也采用此模型。将反映人口、经济、资源三个因子指标系统相互协调关系的三组指标数据导入复合系统协调指数模型，计算可得二级生态经济区划协调指数 Ch。

二　空间自相关模型

空间自相关不仅仅是一种空间统计方法，该理论关系到 Tobler 的地理学第一定律，而地理学第一定律是地理分析的基本定律之一。该定律指出：所有的地理事物都存在关系，但距离较近的事物比距离较远的事物更有关系。计量运动结束之后，空间自相关研究一度进入低谷状态，但仍然有许多学者潜心研究这种方法的理论基础和应用方向。近年来，理论和计量地理学在西方呈现复兴态势。

空间经济计量研究的空间效应包括空间依赖性（空间自相关）和空间差异性（空间异质性）。空间依赖性是指研究对象属性值的相似性与其位置的相似性存在一致性。空间自相关是空间依赖性的重要形式，是指研究对象和其空间位置之间存在的相关性。空间自相关是检验某一要素属性是否显著地与其相邻空间点上的属性值相关联的重要指标，可以分为正相关和负相关两类。正相关表明某单元的属性值变化与其相邻空间单元具有相同变化趋势，负相关则相反。

空间依赖性是空间计量学模型识别的第一个来源，一方面，它意味着空间上的观测值缺乏独立性，另一方面，它意味着潜存于这种空间相关中的数据结构，即空间相关的强度及模式由绝对位置（格局）和相对位置（距离）

共同决定。空间相关性揭示的空间效应可用以下两种模型来刻画：空间误差模型描述区域经济模型的误差项在空间上相关的情况，而空间滞后模型描述变量间的空间依赖性对区域经济行为显得非常关键而导致了空间相关的情况。

作为空间计量学模型识别的第二个来源，空间差异性或空间异质性是指地理空间上的区域缺乏均质性，存在发达地区和落后地区、中心（核心）和外围（边缘）地区等经济地理结构，从而导致经济社会发展如消费行为存在较大的空间差异性。

（一）全局空间自相关模型

当事物的同一属性变量在空间上表现出一定的规律性，而非随机分布时，则认为它们存在空间自相关。全局空间自相关主要用于研究属性值在整个研究区域内的空间分布特征，它们使用的是一个总体的度量值。空间统计和空间计量经济学的方法有许多种，最著名的有 *Moran's I* 指数、*Geary's C* 指数、*Getis* 指数，可以用来描述整个研究区域上所有的空间对象之间的平均关联程度、空间分布模式及显著性。全局空间自相关是对属性值在整个区域的空间特征的描述。目前最常用的是 *Moran's I* 指数，以下介绍 *Moran's I* 指数的基本原理。

如果 X_i 是位置（区域）i 的观测值，则该变量的全局 *Moran's I* 指数，用如下公式计算：

$$I = \frac{n\sum_{i=1}^{n}\sum_{j=1}^{n}w_{ij}(x_i - \bar{x})(x_j - \bar{x})}{\sum_{i=1}^{n}\sum_{j=1}^{n}w_{ij}\sum_{i=1}^{n}(x_i - \bar{x})^2} = \frac{n\sum_{i=1}^{n}\sum_{j=1}^{n}w_{ij}(x_i - \bar{x})(x_j - \bar{x})}{S^2\sum_{i=1}^{n}\sum_{j=1}^{n}w_{ij}}$$

其中，$S^2 = \frac{1}{n}\sum_{i=1}^{n}(x_i - \bar{x})^2$；$\bar{x} = \frac{1}{n}\sum_{i=1}^{n}x_i$。

W_{ij} 为空间邻接矩阵，当实体 i 与实体 j 拓扑相邻具有公共边时表示其值为 1，否则为 0。基于距离的空间权重矩阵，样本权重总值为 1。

Moran's I 指数的取值一般为 [-1, 1]，小于 0 表示负相关，等于 0 表示不相关，大于 0 表示正相关。

（1）当 $I=0$ 时，表示邻域间不存在空间自相关，邻域部分未对观察值产生影响。空间模式的观察值可以等同于任何其他的空间模式的观察值（假设样本的分布是独立的）。

（2）当 $I>0$ 时，邻域存在一定的相似性，存在正的空间自相关。不管值的高低，都证明存在空间聚集。

（3）当 $I<0$ 时，区域越远，存在越大的相似性，即存在负的自相关。

（二）局部空间自相关模型

将空间自相关分析发展到局部自相关范围，可以为每一个空间单元计算一个指标，用来衡量该单元与邻居的关系。局部统计适用于识别小的空间相关，验证假设以及确定一个距离，超过这个距离空间单元将不存在相关。局部自相关可以探测出高值聚集区，高值聚集区称为热点，低值聚集区称为冷点。局部统计的解释应该根据全局空间自相关的数据，否则 I 类型可能会发生错误，即热点（冷点）一定要位于全局值很高（低）的区域。

局部空间自相关（Local Indicatiors of Spatial Association，LISA）：从本质上看，局部空间自相关是将 *Moran's I* 分解到各个区域单元。

空间集聚分析用来研究空间联系的局部模式和定义不同样本区域的相似性（热点）和相异性（冷点）。Ansehn（1995）将局部空间集聚定义为相邻位置的集合，这种局部空间自相关指标很有意义。局部空间关联指标（LISA）并不特指某一个统计量，对于任何统计，定义的 *LISA* 必须满足以下两个条件：

（1）能给出衡量每个空间单元自相关显著性程度的指标。

（2）所有空间单元的指标之和与全局空间自相关指标之间成比例。

对于某个空间单元 i，有：

$$I_i = \frac{x_i - \bar{x}}{\left[\sum\limits_{j=1, j\neq i}^{n} \frac{x_j^2}{(n-1)}\right] - \bar{x}^2} = \sum\limits_{j=1}^{n} w_{ij}(x_j - \bar{x}) = z_i \sum\limits_{j=1}^{n} w_{ij} z_j$$

其中，z_i 是 x_i 的标准化变换，$z_i = \dfrac{x_i - \bar{x}}{\sigma}$，$W_{ij}$ 为按照行和归一化后的权

重矩阵（每行的和为 1，非对称）。

当观察值 z_i 和 z_j 背离平均数时，局部 *Moran's I* 可以解释为从局部和全局统计之间的关系中得出的一个局部不稳定指标。具体来说，I_i 的平均数等于全局 I 的一个比例。

LISA 的 z 检验为：$z = \dfrac{I_i - E(I_i)}{\sqrt{VAR(G_i)}}$

（1）当 $I = 0$ 时，表示邻域间不存在空间自相关。

（2）当 $I > 0$ 时，存在正的空间自相关，而且 i 的绝对值越大表示空间分布的相关性越大，即空间上有聚集分布的现象。

（3）当 $I < 0$ 时，即存在负的自相关。

三 生态经济区划模型

（一）一级生态经济区划模型

1. 社会经济要素空间分异计算模型

根据一级生态经济指标体系，运用德尔菲法对各个指标进行权重赋值，通过建立单项指标的多源空间数据构建生态经济评价指标体系，通过 GIS 空间分析和统计功能，分析北方沿海地区经济、社会的地域空间分异特征。

$$f_i = \sum w_j \cdot x_j$$

公式说明：f_i 是 i 大类指标综合值；w_j 是 j 单项指标权重；x_j 是 j 单项指标标准化值。

$$F = \sum w_i \cdot f_i$$

公式说明：F 是综合区划要素值，综合生态环境脆弱性值和综合社会经济值；w_i 是不同大类指标权重；f_i 是不同大类指标综合值。

2. 自然与经济要素分异空间叠置法

在生态经济要素空间分异分析基础上，选择地形条件、年平均降水量（毫米）、大于或等于10℃积温（℃）、人口密度（人/平方千米）、地均GDP（元/平方千米）、地均固定资产投资（万元/平方千米）六个方面，作为生态经济区划的依据。运用空间叠置法对北方沿海地区进行生态经济区划。首先，运用ArcGis软件，对上述六个生态经济单要素进行空间分异分析和区划，提取单要素区划界线和绘制单要素专题区划图。

（二）二级生态经济区划模型

二级生态经济区（生态经济亚区）的划分依据综合生态经济区划指标 D 进行划分。综合生态经济区划指标依据生态经济亚区指标体系中区域生态环境指标、区域人类活动强度指标、区域经济发展水平指标、空间聚类指标集合而来。

根据前面提到的模型计算出的指数，二级综合生态经济区划指标 D_i 的计算公式为：

$$D_i = \sqrt[3]{RI \times CW \times CHI}$$

$$D_i = \sqrt[3]{(I \times I_i)^{\frac{1}{2}} \times CW \times CHI}$$

第五章
北方沿海地区生态经济系统分析

一　数据处理和技术路线

（一）数据采集数据库构建

1. 数据收集

气象数据：首先收集北方沿海四省区县（市）中有气象观测点的主要气象数据（年积温、年降水、年蒸发量、年均温度、无霜期、年日照时数）；其次利用 Kriging 法模拟整个区域气象形势；最后运用 GIS 软件计算各县的平均值，并以此值作为区划指标。

土地利用数据：首先获取国土资源部土地利用详查数据中植被覆盖率、土地利用类型和各类型土地面积数据；其次通过解译卫星照片，计算土地类型数据；最后用 GIS 软件模拟空间趋势，获得各县的平均值，并作为区划指标之一。

地形地貌数据：首先获得全省的 dem 数据，从中提取地形和坡度的数据，采用 Kriging 法模拟地表形势；其次获得各县市平均值，作为区划指标之一。

地质灾害数据：解译卫星照片，结合实地调研统计资料，划分出滑坡、泥石流等的强度，作为区划指标之一。

社会经济数据：社会经济数据来自《北京统计年鉴 2010》《天津统计年鉴 2010》《河北统计年鉴 2010》《山东统计年鉴 2010》《辽宁统计年鉴 2010》。收集北方沿海四省区县（市）2010 年的主要社会经济数据，利用 SPSS 软件和 ArcInfo 软件的空间统计分析模块，对各县市经济数据进行分析处理，定量分析，并作为重要的区划指标。

实地调研数据：通过实地调研，获得第一手数据，用以纠正和弥补气象部门、国土资源部门、统计部门及卫星遥感数据的不足。

2. 数据处理

数据标准化也就是统计数据的指数化。数据标准化处理主要包括数据同趋化处理和无量纲化处理两个方面。数据同趋化处理主要解决不同性质数据问题，对不同性质指标直接分析计算不能正确反映不同作用力的综合结果，须先考虑改变逆指标数据性质，使所有指标对测评方案的作用力同趋化，再进行分析才能得出正确结果。数据无量纲化处理主要解决数据的可比性，对其指标属性值进行量化，即统一变换在 [0，1] 范围内。标准化的目的在于消除各指标量纲不同和量级差异的影响。

因为在选取的自然和人文指标中，有的为正指标（指标值越大越好），有的为负指标（指标值越小越好），而且各个指标的量纲都不同，没有可比性，为了消除量纲和量纲单位不同所带来的不可公度性，分析之前须先将评价指标进行同向化转换和无量纲化处理。采用极差标准化对各数据进行标准化，正逆指标转换公式分别为：

$$X'_{ij} = \frac{(X_{ij} - X_{j\min})}{(X_{j\max} - X_{j\min})} \qquad (1)$$

$$X'_{ij} = \frac{(X_{j\max} - X_{ij})}{(X_{j\max} - X_{j\min})} \qquad (2)$$

其中，X'_{ij} 为处理后数据，X_{ij} 为原始数据，j 为某项个体指标，i 为行数序列编号，$X_{j\max}$ 为 X_j 中最大值，$X_{j\min}$ 为 X_j 中最小值。由这种标准化方法所得到的新数据值介于 0 和 1 之间，指标数值越大，表示越积极。

最后将所有数据录入 ArcGis，并栅格化到 1 千米。

（二）区划技术路线

1. 区划方法简述

"自上而下"（Top-down）和"自下而上"（Bottom-up）是进行区划的基本方法。"自上而下"的区划方法又称顺序划分法，它以空间异质性为基础，按"区域内差异最小、区域间差异最大"的原则，找出空间分异的主导因素，划分最高级区划单元，然后依次将已划分出的高级别区划单元自上而下逐级划分。一般大范围的区划和区划高、中级单元的划分多采用这一方法。"自下而上"的区划方法又称合并法，它以相似性为基础，从最小区域单元开始，按相对一致性原则和区域共轭性原则依次向上合并为高一级单位，多用于较低级单元的划分。

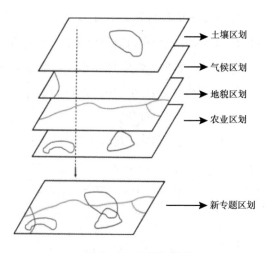

图 5-1 空间叠置法

区划的一般方法，即区划的技术手段，主要有空间叠置法、主导因素法和定量分析法。①空间叠置法。以各个区划要素或各个部门综合区划图（土壤区划、气候区划、地貌区划、农业区划等）为基础，通过空间叠置，以相重合的界线或平均位置作为新的区划界线（见图 5-1）。②主导因素法，是主导因素原则在区划中的具体应用。在区划过程中，通过综合分析并选取主导因素作为区划的依据，同一等级的区域单位即按此指标划分。例如，农业综合区划中常采用大于或等于 0℃积温作为主导因子划分农业种植区域和农作物种植区域。用主导因子划分区界时，应将综合性原则和主导因素原则相结合，还需要用其他要素（指标）对区界进行必要的订正。③定量分析法。针对传统定性区划分析中存在的一些主观性、模糊不确定性的缺陷，近年来，区划工作中应用层次分析（AHP）、主成分分析、因子分析、聚类分析、相关分析等数理统计方法作为区划手段。

2. 北方沿海地区生态经济区划技术路线

根据生态经济区划的目标和原则，以县（区、市）级行政区作为区划的基本单元。首先，选取对北方沿海地区生态经济要素空间分异影响较大的主导因子作为划分依据，并通过空间叠置法，"自上而下"地划分出北方沿海地区生态经济区。其次，在生态经济区划基础上，采用因子分析法对生态经济亚区划分指标进行数理统计分析，得到分县（区、市）的综合指标，并依据所得综合指标以及其他指标，"自下而上"地对生态经济区内的县（区、市）进行合并，得到生态经济亚区划分结果（见图5-2）。

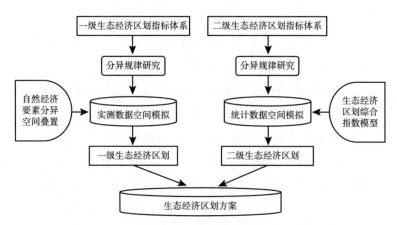

图5-2　北方沿海地区生态经济区划技术路线

二　北方沿海地区生态经济概况

北方沿海地区包括辽宁、河北、山东、北京、天津三省两市，共辖

42 个地级市，448 个县、市（区），6148 个乡镇，地理上覆盖了整个辽东半岛、山东半岛及京津冀地区，从北、西和南三个方向环抱渤海，相当于围绕渤海、向内陆纵深 300 千米的一个近似"C"状分布的半环地带。

（一）生态环境特征

1. 气候特征

大部分地区位于华北平原，属温带－暖温带、湿润－半湿润大陆性季风气候。东部的辽东半岛和山东半岛多丘陵，对夏季风有一定的阻挡作用。本区四季分明，夏季炎热，冬季寒冷；降雨多集中在夏秋两季，冬季和春季比较干燥，多风沙。年平均气温为 8℃～12.5℃，最低气温为 －30℃～－10℃，一般出现在 1 月份；最高温度为 35℃～45℃，一般出现在 7～8 月。

河北南部与山东大部分地区年均气温较高，年均气温大于 12℃；山东中部山地丘陵地区、胶东半岛、河北北方沿海沿岸年均气温为 10℃～12℃；华北山地与辽宁大部分地区年均气温为 5℃～10℃；河北与辽宁北部山区年均气温偏低，年均气温在 5℃以下（见图 5－3）。

年降水量时空分布不均，空间上，黄河以南地区降水量比较充沛，黄河以北地区则降水较少，尤其是华北平原地区（见图 5－4 和图 5－5）；在时间分布上，该区内全年降水量的 70% 左右都集中在夏季。区内光照比较充足，年光照时间为 2500～3000 小时，年太阳辐射能量为 5000～5800 兆焦/平方米。区内一般陆地年平均风速为 4～5 米/秒，山区和海岛较大，为 6～7 米/秒。

北方沿海地区较湿润地区主要集中在辽宁东北部和山东半岛东南部地区。年积温则随纬度递增而递减，同时受到地势影响。环渤海湾海岸地区、黄河－海河平原、山东半岛年积温较高；河北北部山区、辽宁东北部山区年积温较低（见图 5－6 和图 5－7）。

2. 植被特征

北方沿海地区为暖温带季风气候，典型植被类型为温带落叶阔叶林；东

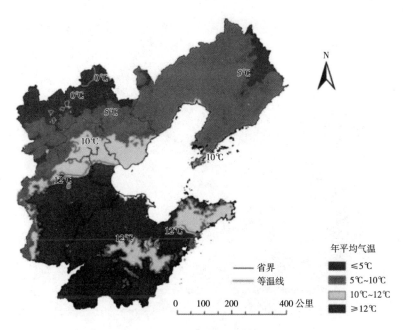

图 5 - 3　北方沿海地区年均气温

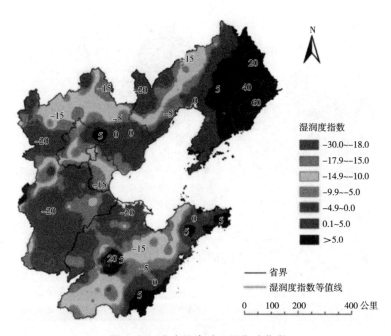

图 5 - 4　北方沿海地区湿润度指数

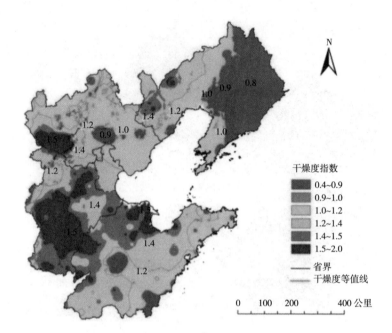

图 5－5　北方沿海地区干燥度指数

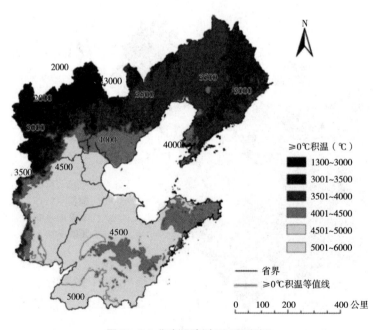

图 5－6　北方沿海地区 0℃积温

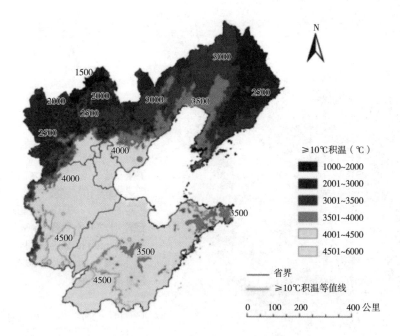

图 5 - 7 北方沿海地区 10℃ 积温

北地区为中温带、寒温带季风气候，典型植被类型为温带落叶阔叶林、针叶林混交林；辽宁北部长白山地区主要分布针阔混交林；华北山地地区主要分布落叶阔叶林；胶东半岛地区、鲁中南山地丘陵地区主要分布落叶阔叶林；内蒙古高原东南缘农牧交错带主要分布中高覆盖度草地（见图 5 - 8）。

北方沿海地区具有海域、滩涂、河流、河口、湖泊、沼泽、疏林、灌丛、草甸及水库、盐田、稻田等各种湿地类型，是我国滨海湿地和滩涂分布最集中的地理区域。北方沿海地区共有湿地面积为 430 余万公顷，约占全国湿地总面积的 11%。区内各类湿地中以近海及海岸带湿地为主，占区域总湿地面积的 50% 以上，河流和湖泊湿地约占 35%，其余为沼泽化草甸湿地及人工湿地。区内最为重要的湿地集中区主要为三块，即天津湿地、黄河三角洲湿地与辽河三角洲湿地，后两者的面积均达 30 万公顷以上。

3. 土壤侵蚀和地质灾害

北方沿海地区水力侵蚀地区分布于山地：①冀西太行山脉（张家口、

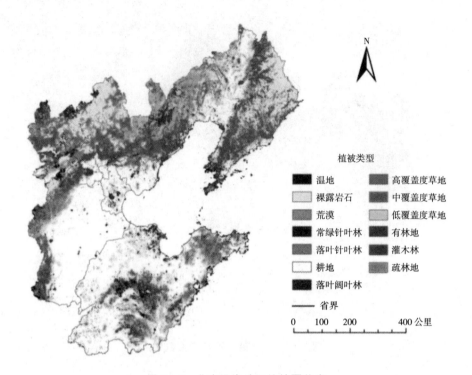

图 5 - 8　北方沿海地区植被覆盖类

保定西、石家庄）；②冀北燕山山脉（承德、秦皇岛北）；③辽西山地（朝阳、阜新西）；④辽东山地（铁岭、抚顺、本溪、丹东）；⑤鲁中山地（枣庄、济宁、临沂、泰安）；⑥日照、青岛有零星分布。北方沿海地区水力侵蚀度大部分地区为微度或轻度，只有冀西太行山脉地区水力侵蚀度为中度（见图 5 - 9）。

北方沿海地区风力侵蚀地区主要分布在：①冀北坝上草原与内蒙古接壤地区（康保、沽源、丰宁、围场、怀来）；②辽河平原与内蒙古接壤处（彰武、康平、昌图）。线状风蚀荒漠化主要沿河道分布：①河北滦河三角洲（滦南、昌黎、滦县、迁安、丰南）；②河北保定、廊坊、石家庄、衡水、邢台、邯郸，山东聊城、德州、泰安、临沂，辽宁葫芦岛、锦州、鞍山、沈阳、铁岭等。北方沿海地区线状风蚀荒漠化基本上都为轻度、潜在风蚀荒漠化，面状风蚀荒漠化一般为外来沙源吹蚀、堆积形成，荒漠化程度相对较高（见图 5 - 10）。

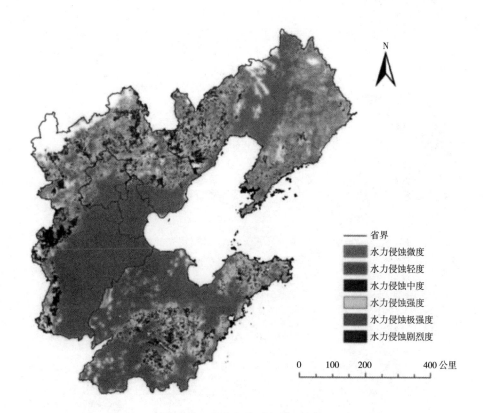

图 5 - 9　北方沿海地区水力侵蚀

图例：

省界

水力侵蚀微度

水力侵蚀轻度

水力侵蚀中度

水力侵蚀强度

水力侵蚀极强度

水力侵蚀剧烈度

0　100　200　400公里

　　沿海经济带断裂（带）活动及地震灾害特点断裂构造分布在中国东部沿海地区，它们有著名的郯－庐断裂带斜贯中国沿海东部的江苏－山东－辽宁等地区，另外，还有山东临清－河北滦县、石家庄－北京、济南西－天津、巢湖－连云港等 NNE 或 NE 向大断裂，山东烟台－北京 NWW 向大断裂。上述断裂（带），绝大多数都具有活动性质。它们在北方沿海地区构成了 2 条 NNE 向和 1 条近 EW 向现代地震活动交会带；对这一地区的经济发展和居民人身安全构成了很大威胁。

　　1976 年的唐山大地震就发生在烟台－北京 NWW 向断裂与临清－滦县 NNE 向断裂的交会部位。郯－庐断裂带有地震记录以来也在山东及渤海湾地区发生过多次 7 级以上的大地震。应用板块构造理论分析，华北板块是典型的刚性岩石圈，它在引张力作用下变薄并在若干带开裂，构成带状裂陷分

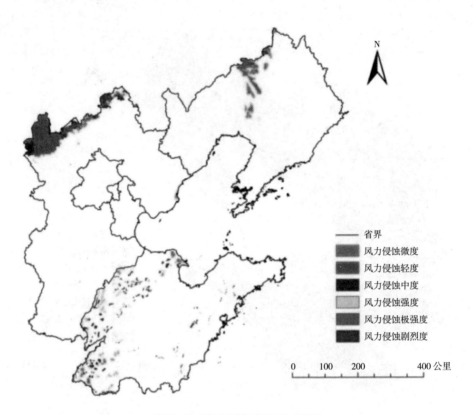

图 5 - 10　北方沿海地区风力侵蚀

割的格局。因此，它是我国最破碎的岩石圈，尤其在平原和盆地地区，地幔
上隆，地壳减薄，普遍存在低速层和低阻层，大地热流值也高，是现今深部
过程、构造运动和地震活动最为强烈的地区，东部沿海地区的辽宁、河北等
地就处于这个构造区上。

　　总体上讲，中国东部沿海经济带泥石流、滑坡崩塌等地质灾害强度较
弱，但分布范围较大，北京－河北北部地区、辽东半岛、山东半岛地区这方
面灾害时有发生。

（二）资源特征

　　北方沿海地区自然资源非常丰富，特别是能源和矿产资源在中国沿海地区
是得天独厚的，北方沿海经济圈拥有丰富的海洋资源、矿产资源、煤炭资源和

旅游资源。据统计，北方沿海地区能源储量居全国首位，油气资源居全国第二位。北方沿海地区已探明对国民经济有重要价值的矿产资源达 100 多种，其中，金属矿储量居全国第一。此外，北方沿海经济圈也是中国重要的农业基地，耕地面积达 2656.5 万公顷，占全国耕地总面积的 1/4，粮食产量占全国的 23% 以上。北方沿海经济圈特有的资源禀赋，决定了其在经济发展中的自然资源优势。

1. 水资源系统

区域的水资源总量为 1571 亿立方米，仅占全国水资源总量的 1.5%；人均水资源总量为 514 亿立方米，仅为全国人均水资源量的 1/4，大部分地区的人均水资源量在 500 立方米以下，尤其是北京、天津、河北，人均水资源量都不足 300 立方米。按照国际公认的标准，人均水资源量低于 500 立方米的地区就是极度缺水的地区，按照这个标准来看，北方沿海区域的大部分地区属于极度缺水地区（见图 5-11）。

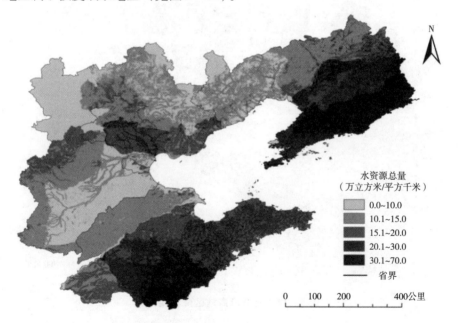

图 5-11　北方沿海地区水资源量分布

从水资源总量分布来看，辽宁西部、山东南部大部分地区水资源量较多，水资源量为 20 万立方米/平方千米左右；京津地区水资源量较少，水资源量为 10 万 ～ 20 万立方米/平方千米；河北南部、北部山区，山东北部，辽宁西部山区水资源贫乏，水资源量为 10 万立方米/平方千米以下。

（1）降水。

北方沿海地区属暖温带半湿润半干旱大陆性季风气候。年降水量为 550 ～ 1100 毫米，该区年内丰枯降水量相差 3 ～ 5 倍。区内降水较少且季节与地区分布不均，年降水量一般大于 400 毫米，由北向南递增，河北低平原为少雨中心，年降水量少于 600 毫米（见图 5 – 12）。区内全年蒸发量为 800 毫米以上。从降水的季节分配来看，春雨少，约占全年的 10%；夏雨多，约占全年的 70% 以上，且多暴雨，平原低洼区易发生洪涝灾害。

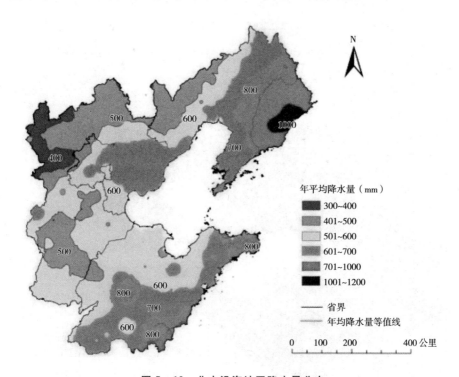

图 5 – 12　北方沿海地区降水量分布

同时该区不同地形及区域的降水量也十分不均，总体上，山地降水量一般为 600 ～ 1100 毫米，平原区一般为 500 ～ 700 毫米；蒸发量为 1300 ～ 1900 毫米。不同区域的降水情况如下。

辽宁：东部的长白山余脉和西边的辽西丘陵在辽河平原两边形成天然的分水岭，岭内年降水量一般为 400 ~ 1000 毫米，其中山地降水较多，最多的年份可达 1400 ~ 1800 毫米，平原地区降水较少。

京津冀：区内平均年降水量为 350 ~ 800 毫米，其中燕山南麓为 700 ~ 800 毫米，平原一带则在 500 毫米以下。

山东：处于黄海和渤海之间，受海洋性气候影响明显。平原的年降水量为 600 ~ 1000 毫米，黄河以北年降水量明显低于黄河以南地区。

（2）地面径流。

北方沿海地区内分布有鸭绿江、浑河 – 太子河、辽河、绕阳河、滦河、海河、黄河等大小河流，区域内河流年径流量为 407.3 亿立方米，约占全国的 1.85%。

（3）地下水。

根据全国水资源公报的相关数据，全区地下水可采资源量约为 337 亿立方米/年，其中山东最高，约为 114.31 立方米/年；河北和辽宁均为 90 立方米/年以上；北京约为 26.33 立方米/年；天津最低，仅有 5.7 立方米/年。全区地下水资源量 60% 以上为第四系松散岩类孔隙水，另外基岩裂隙水约占 30%，剩余为岩溶裂隙水。

2. 土地资源系统

北方沿海地区土地广阔平坦，耕地主要集中在辽河平原、海滦河平原、黄河 – 海河平原，土地垦殖指数和复种指数均较高，是我国北方传统的农耕区和农牧结合区。根据 2006 年国家统计数据，北方沿海地区三省两市共有农用地 37707890 公顷，占全区陆地总面积的 72.24%，其中耕地面积为 18583300 公顷，面积约占全国的 15%，该区的耕地质量总体不高，耕地中 2/3 为中低产田。林地、草地分布于河北北部山区与辽宁东北部山区。工矿用地集中于城市核心区和周边，全区开发程度较高，未利用土地较少。图 5 – 13 是北方沿海地区土地利用状况。

北方沿海地区盐渍荒漠化包括内陆盐渍和滨海盐渍。内陆盐渍主要分布于张家口北部坝上草原地区（康保、张北、尚义、沽源等）和辽宁北部（阜新、彰武、康平、黑山、新民）。滨海盐渍主要沿滩涂海岸（即墨、昌邑、寿

光、广饶、东营、博兴、垦利、东营、利津、沾化、无棣、海兴、盐山、黄
骅、沧县、天津、静海、霸州、昌黎、绥中、兴城、凌海等地）分布。

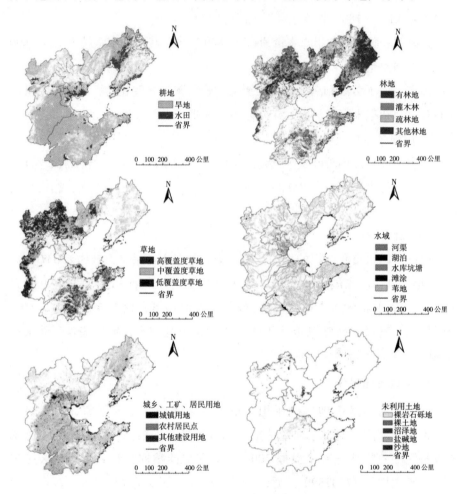

图 5 – 13　北方沿海地区土地利用状况

3. 矿产资源系统

北方沿海地区资源种类多，储量大，属资源型经济区。煤炭、油气、铁
矿、菱镁矿、自然硫、金刚石、黄金、海盐等储量和产量都居全国各经济区
前列。天津有着充足的油气资源，渤海和大港两大油田是国家重点开发的油
气田。山东省是全国石油、天然气的主要生产基地之一，区内共探明油气田

有 78 个。辽宁省煤炭资源分布广，储量大，煤质优良，赋存条件好，全省煤炭保有储量约 60 亿吨，其中工业储量 53.9 亿吨，占总量的 90%，累计探明石油地质储量为 20.6 亿吨，天然气 21.9 亿立方米；辽河油田是中国第三大油田，原油年开采能力为 1500 万吨以上，天然气年开采能力达 17 亿立方米。河北省煤炭探明储量为 147.1 亿吨，在 2010 年之前，全省原煤产量保持在 7000 万吨左右，境内有华北、冀东、大港三大油田，累计探明储量为 27 亿吨，天然气储量为 1800 亿立方米，原油年产量近千万吨，天然气近 10 亿立方米。

天津全市已探明的金属矿、非金属矿资源和燃料、地热资源有 30 多种，石油储量为 40 亿吨，天然气地质储量为 1500 亿立方米。天津平原地区蕴藏着较为丰富的地热资源，已发现 10 个地热异常区，已勘探和开发有利用价值的地热田有 4 个，热水总贮量达 30 多亿立方米。

山东全省现已发现的矿藏资源有 128 种，占全国已经发现矿产品种类的 70% 以上。探明储量的 74 种中有 30 多种储量居全国前 10 位。居全国第 1 位的有黄金（岩金）、自然硫（占全国储量 90% 以上）、石膏（占全国储量 79% 以上）等，其中黄金产量约占全国总产量的 1/4；居第 2 位的有石油、金刚石（储量占全国的 40%，产量占 80%）、菱镁矿、钴、铪、花岗石等；居第 3 位的有钾盐、石墨、滑石、膨润土、石灰岩等；其余居前 10 位的还有煤、天然气、铁、重晶石、硅藻土、铝土矿、轻稀土、油页岩、石英砂、磷、镓等。

河北省矿产资源丰富，矿业经济发达，目前已发现各类矿种 151 种，查明资源储量的 120 种矿产中排在全国前 5 位的矿产有 34 种。现已探明储量的矿产地有 1005 处，其中大中型矿产地有 439 处，占 43.7%。全省已开发利用的矿产地有 786 处，现有各类矿山 6290 家，从业人员 40.8 万人，年开采矿石总量近 5.0 亿吨，采掘业年产值达 362 亿元，形成了以冶金、煤炭、建材、石化为主的矿业经济体系。

辽宁省矿产资源丰富，大体齐全配套。已探明储量居全国前列的矿种有铁、锰、石油、天然气、油页岩、钼、熔剂灰岩、滑石菱镁、硼矿、金刚石、玉石等，是全国黑色金属、有色金属、化工产品和石油矿产的生产基地。

4. 潜力巨大的海洋资源

渤海是我国最大的内海，素有"天然鱼池"之称，盛产多种鱼、虾、贝类水产品，还有丰富的其他海洋资源。渤海海洋动物和植物共约170种以上，有哺乳类的海豹和各种鱼类。软体动物有乌贼与鱿鱼；甲壳类有虾、蟹；棘皮动物有海参；腔肠动物有海蜇；海绵类和海藻类有海带、紫菜、石花菜等。其中主要的鱼类就有100多种。由于渤海位置和海流等自然条件的影响，温水性鱼类最多，其次是寒水性鱼类。渤海有许多良好的海湾和河流入口，是理想的天然渔场。渤海的渔场很多，北部有望海寨、菊花岛和大清河口渔场，南部有龙口、黄河口渔场，西部有海河口渔场。

渤海沿岸是我国重要的产盐区，主要盐区如下。①东北盐区，分布在辽东老铁山至山海关1000多公里的海岸线上，其中以普兰店、复州湾、盖平、营口等处的晒盐业为最重要。②长芦盐区。这是我国最大的产盐地区，北起山海关，南至黄骅市，全部在河北、天津境内，长370多公里，年产量达400多万吨，占全国海盐产量的1/3以上，主要产区有塘沽、汉沽、大清河和黄骅市等盐场。③山东盐区，是我国历史悠久的盐产区，早在春秋时代，这里的制盐业就相当发达，主要分布在莱州湾一带。

渤海除了上述各种资源外，海底还有石油、天然气、煤、铁、铜、硫和金等矿物，蕴藏量也相当丰富。此外，还有极其丰富的海洋能源资源，包括潮汐能、波浪能、温差能、风能、潮流能等，其中尤以潮汐能的开发价值最大、最可靠，技术上也较成熟。辽宁沿海的平均潮差为2.57米，可发电能16.1亿度；山东沿海的平均潮差为2.36米，可发电能2.92亿度；河北、天津沿海的平均潮差为1.01米，可发电能0.09亿度。海洋能源是新能源，在跨世纪发展中开发利用前景广阔。

（三）社会经济发展特征

1. 社会经济发展水平

北方沿海地区经济增长速度迅猛，经济呈现较快的发展势头，2012年

北方沿海地区经济增长 14.2%，GDP 增长率大大超过全国平均水平。北方
沿海区域经济发展快速，整体经济实力增长迅速，北方沿海区域经济总量进
一步增大。从 1995 年到 2012 年的 16 年里，北方沿海区域三省两市的 GDP
总量由 1.3 万亿元增加到 13.2 万亿元，占全国 GDP 的比重提高到 30.85%，
是 2005 年的 2.15 倍，年均增长 16%。

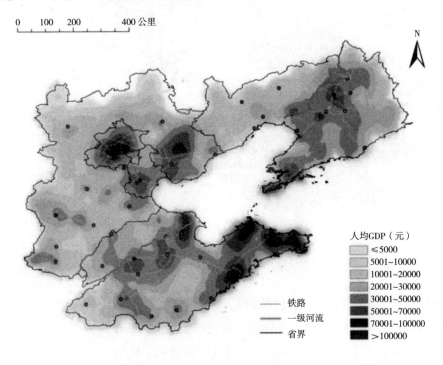

图 5 - 14　北方沿海地区人均 GDP 分布

北方沿海地区的主要省市的人均 GDP，均处于全国中等水平或偏上。
GDP 年均增长速度高于全国平均水平，2012 年地区人均 GDP 达到 34972 元，
是全国平均水平的 1.51 倍（见图 5 - 14）。该地区经济密度（地均 GDP）达到
了 1497.33 万元/平方千米，是全国平均水平的 4.8 倍。其中，北京、天津处
于领先地位，远远超出了其他三个地区；山东省和辽宁省基本持平，但山东
省的增速较辽宁省要高；河北省处于全国平均水平，相对落后（见图 5 - 15）。

（1）产业结构。

北方沿海地区第一产业实现增加值 7109.71 亿元，第二产业实现增加值

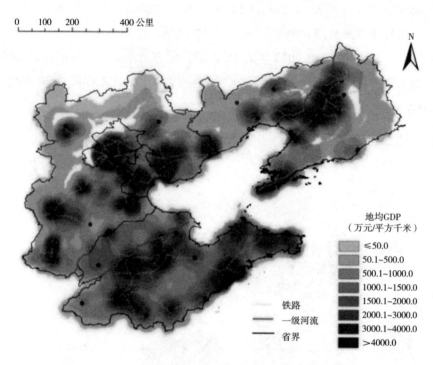

图 5 - 15　北方沿海地区地均 GDP 分布

42585.24 亿元，第三产业实现增加值 35569.25 亿元，三次产业比为 8.34 :
49.94 : 41.72，第二产业占主要地位，第三产业次之，呈现出"二、三、一"
工业化结构的特征。最近几年来北方沿海区域的产业结构总体呈现出第一产
业所占比重逐年下降、第二产业所占比重逐年上升、第三产业所占比重先下
降后上升的良好态势。

　　北方沿海地区第一产业主要分布在山东、河北和辽宁三省。其中，山东
第一产业发展较为突出，2012 年山东省第一产业实现增加值 3456.7 亿元；
河北省第一产业发展也较好，2012 年第一产业实现增加值 2517.6 亿元。第
二产业主要集中在山东、河北和辽宁三省。其中，山东省第二产业最强，其
次为河北省和辽宁省，2012 年实现增加值分别为 20238 亿元、9124.0 亿元
和 8125.6 亿元。北方沿海区域第三产业主要集中在山东、北京、河北、辽
宁四省市，2012 年实现增加值依次为 14512.8 亿元、9872.5 亿元、6215.7

亿元和 6027.2 亿元。

由图 5 - 16 可以进一步看出北方沿海地区三次产业结构的分布状况。北方沿海地区除了北京市及周边地区主要是以第三产业为主导外，其他四省市主要以第二产业为主导。山东省、津唐两市、沈阳周边地区经济发展以第二产业为主导。河北南部、河北北部的黄河 - 海河平原和辽河平原的主要产粮区第一产业比重相对较高。

北方沿海地区京津唐城市圈、辽中南城市圈、山东半岛城市圈非农产业比重较高，均为 85% 以上，河北北部山区、辽宁西北部山区和主要产粮区非农产业比重较低。

从三次产业结构看，北京已经形成"三、二、一"的结构，天津、河北、辽宁和山东呈"二、三、一"结构，仍以第二产业为主。北京作为北方沿海地区服务中心的优势明显，津、冀、鲁、辽存在产业同构现象。通过下面的分析将会知道，五省市在冶金、化工、装备制造等同类产业间的竞争更为激烈。

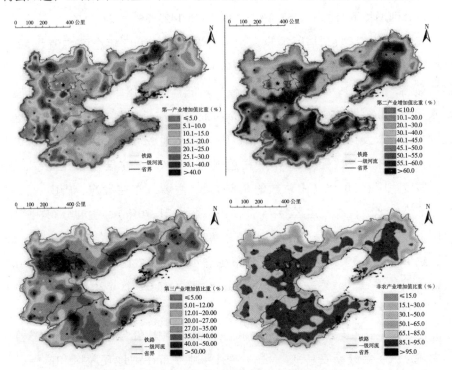

图 5 - 16　北方沿海地区三次产业与非农产业分布

（2）农业发展水平。

北方沿海地区农业结构不断优化，区域特色初步形成，农产品产量持续增长，土地产出率稳步提高。随着北方沿海地区人口的增加和城市化步伐的加快，建筑和交通用地大幅增加，耕地面积不断减少。其耕地面积从 1995 年的 1957.7 万公顷下降到 2007 年的 1858.33 万公顷，减少 5.1%，而同期人口增加了 1929 万人，增幅为 9.0%，人均耕地面积已经从 20 世纪 90 年代初期的人均 1293.40 平方米，下降到目前的人均 793.37 立方米。依靠科技进步，不断增加农业投入，提高耕地复种指数，北方沿海地区粮食产量仍然保持稳步增长，产量从 1990 年年产 7580 万吨增加到 2009 年年产 9074.7 万吨，增加了 19.7%，粮食产量增加的幅度高于人口增加的幅度，从而保证了区域和国家的粮食安全。2007 年北方沿海地区的棉花、油料、猪牛羊肉、牛奶、水产品的产量分别为 182.3 万吨、495.8 万吨、998.9 万吨、942.9 万吨和 1201.9 万吨，分别占全国总产量的 23.9%、19.3%、18.9%、26.7% 和 25.3%，与 1990 年相比，分别增长了 15.5%、58.8%、139.2%、1423.3% 和 283.1%。

北方沿海地区农村居民纯收入水平差异显著，2007 年全区均值为 5246 元/人，138 个单元（占总数的 40.47%）高于区域平均水平，其中辽宁长海县最高，为 16019 元/人，河北涞源县最低，仅为 1815 元/人。按全区平均水平的 150%、125%、100%、75% 将北方沿海地区划分为经济发达区、较发达区、次发达区、欠发达区和贫困区五种地域类型。数据表明，2010 年，发达区的单元数量为 34 个（占总数的 9.97%），主要分布在北京、天津；较发达区有 30 个（占总数的 8.80%），主要分布在大连、唐山、胶东半岛等沿海地区；次发达区为 74 个（占总数的 21.70%），主要分布在辽河平原、胶莱平原、黄河三角洲东北部、鲁中南山地丘陵区等；欠发达区最多，达 134 个（39.30%），集中分布在鲁西北传统农区、山东南部、河北太行山山前平原区、辽宁山地丘陵区；贫困区有 69 个（20.23%），集中分布在河北太行山和燕山山地丘陵区、坝上高原区和海河冲积平原区。总体而言，发达区和较发达区集中分布在大都市周围和沿海地区，欠发达区和次发达区主要分布在传统农区，贫困区则分布在山地丘陵区和高原区，欠发达区与次发达区是主要的地域类型（见图 5-17）。

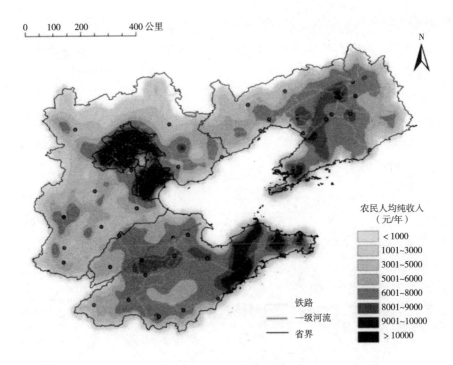

图 5 – 17　北方沿海地区农民人均纯收入

　　2014 年，北方沿海地区农村居民纯收入在省（市）尺度上可划分为三个层次：北京、天津为第一层次，农村经济发达，农民收入水平高，均为发达区；辽宁和山东次之，农村居民纯收入以较发达区、次发达区和欠发达区为主；河北农村居民纯收入最低，位于贫困区和欠发达区的单元数占贫困区和欠发达区总单元数的 80%，且主要集中在京津周围的北部和西部。

　　欠发达区和贫困区逐渐在京津周边地区集聚，形成环京津贫困带。环京津贫困带以山地、丘陵为主，生态环境脆弱，同时也是京津重要的生态屏障。近年来，国家和地方政府不断采取措施限制该地区的资源开发和工农业生产，严重制约了当地农村经济的发展；户籍制度的存在以及劳动技能的缺失使该地区拥入京津城市的多数农民工只能进入非正规市场或次级农村劳动力市场，形成城市贫困阶层，再次产生另一轮回波效应，形成"灯下黑"现象。贫困区、欠发达区与发达区以行政界线为界分开，表明北京、天津经济的高速增长和农村收入水平的迅速提高并没有对直辖市以外地区产生较大的扩散作用，北京和天津作为区域发展核心对周边地区的涓滴效应不明显，极化效应强于扩散效应。

本区农产品的人均占有量相对较高，其中粮食人均占有量为388.5千克，比全国人均水平高2%；棉花人均占有量为7.8千克，比全国平均水平高3.5%；油料人均占有量为21.2千克，比全国平均水平高8.9%；猪牛羊肉人均占有量为42.8千克，比全国平均水平高6.7%；牛奶和水产品人均占有量均远高于全国平均水平，分别高出51.2%和42.9%。北方沿海地区人均、地均粮食与肉类产量如图5-18所示。

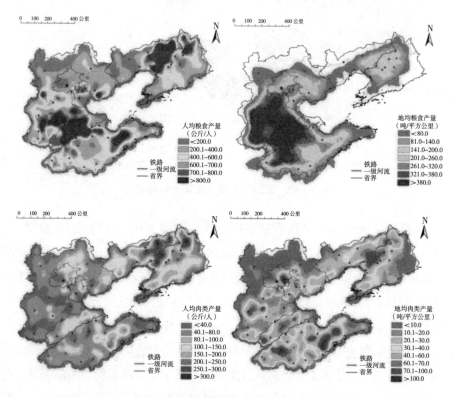

图5-18　北方沿海地区人均、地均粮食与肉类产量

北方沿海地区人均粮食产量较高的地区主要集中在黄河-海河平原和辽河平原，人均粮食产量高于800千克，说明该部分地区粮食劳动生产率较高；而地均粮食产量较高地区主要集中在河北省南部和黄河-海河平原，每平方千米粮食产量大于350吨，说明该部分地区单位面积土地粮食产量较高，同时该地区水资源相对丰裕，为该地区粮食生产提供保证。

（3）财政收入与固定资产投资。

2012 年北方沿海地区地方财政收入实现 1.32 万亿元，是 2005 年的 3.81 倍，年均增长 25.7%。人均地方财政收入较高的区域主要集中在京津唐都市圈、辽中南都市圈、黄河三角洲平原以及山东半岛；地均地方财政收入较高的区域主要集中在京津唐都市圈和辽中南都市圈以及青岛周边地区。

2012 年北方沿海地区完成固定资产投资 40257.4 亿元，比 2011 年增长 26.8%，远高于珠江三角洲和长江三角洲两大经济地区。人均固定资产投资较高的区域主要集中在京津唐都市圈、辽中南都市圈、黄河三角洲平原以及山东半岛；地均固定资产投资较高的区域主要集中在京津唐都市圈和辽中南都市圈（见图 5 - 19）。

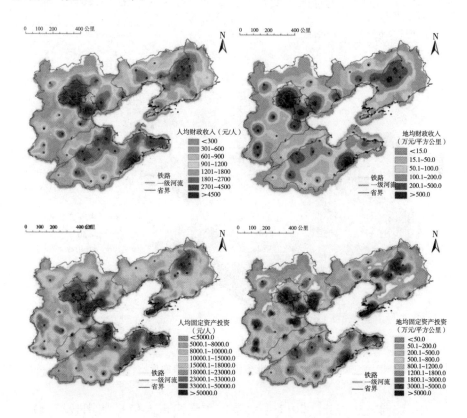

图 5 - 19　北方沿海地区人均、地均财政收入与固定资产投资

2. 人口与城镇发展状况

（1）人口流动特征。

人口规模持续增大。2012年北方沿海地区常住人口为25372万人，占全国总数的16.83%。2001~2012年，北方沿海地区总人口占全国的比重仅提高0.21个百分点，但其常住人口增长了1271万，年均增长率达到7.94‰。从历年数据来看，北方沿海地区常住人口增速呈现加快趋势，2001年人口增长率仅为4.84‰，2010年则提高到了10.10‰，其中天津和北京最为显著，分别从3.03‰和19.38‰提高到了54.71‰和37.97‰，2012年这一数字略有提高。

人口密度不断提高。北京市和天津市人口密度在这期间分别增长到2.03万人/平方千米和1.47万人/平方千米，年均增长率分别高达25%和18%。人口密度较高的地区主要集中在城市中心区（见图5-20）。

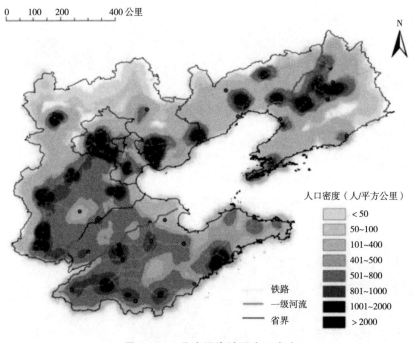

图 5-20 北方沿海地区人口密度

人口流向发达城市。2012年北京市和天津市人口机械增长率分别为3.51%和5.23%，明显高于其他三省，也明显低于本地的人口自然增长率

3.42%和2.19%。两大中心城市的人口增长主要是由人口的迁移引起的，其中北京市人口机械增长率波动性较大，但始终保持在高位，天津市则逐年上升，尤其从2003年以来该指标快速提高，并于2006年超过了北京，说明天津市已成为北方沿海地区吸引外来人口最具潜力的地区。

（2）城镇化水平。

城镇化处于快速推进阶段。2000～2010年，北方沿海地区总人口增加了1378万人，而同期城镇人口增加了3049万人，乡村人口则从12914万人减少到11243万人，减少了1671万人。2006～2010年，该地区城镇人口年增长率与总人口年增长率的差值从18.9‰扩大到了23.4‰，说明城镇人口增长对总人口增长的拉动作用越来越明显。图5-21是北方沿海地区城镇化率分布。

城镇体系结构由单核心向多核心转变。目前该地区拥有县级以上城市114个，其中直辖市2个，副省级城市4个。合理的城镇结构一般呈序位分布，即城市规模越大，城市数目越少；城市规模越小，城市数目越多。该地区超大城市、特大城市和大城市的数目分别是10个、13个和19个。44个地级以上城市中的中等城市只有2个，如果考虑到该地区还有为数不少的发达县级城市，实际上中等城市的数目远大于大城市的数目。

北方沿海地区实际上包含了三个城镇密集区。第一个是以北京、天津为中心城市的京津唐地区，具体包括北京、天津两个直辖市以及与之毗邻的河北省唐山、秦皇岛和廊坊3个地级市的行政区范围，面积为5.53万平方千米；第二个是以沈阳、大连为中心城市的辽中南地区，具体包括沈阳、大连两个副省级城市和铁岭、鞍山、辽阳、抚顺、本溪、营口6个地级市的行政区范围，面积为7.72万平方千米；第三个是以济南、青岛为中心城市的山东半岛地区，具体包括济南、青岛两个副省级城市和淄博、潍坊、烟台、威海、东营、日照6个地级市的行政区范围，面积为5.97万平方千米。

从自然地理条件看，京津唐的主体是在海河平原的中下游，辽中南是辽河平原的中下游和千山山脉的一部分，山东半岛的主体是胶莱河平原、胶东丘陵以及山东丘陵和黄河下游平原的一部分，它们在自然地理单元上各不相同，而且不相连接。从空间位置结构上看，北方沿海地区的三个城镇密

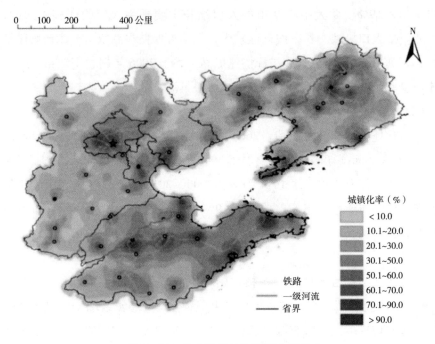

图 5 - 21　北方沿海地区城镇化率分布

集区围绕渤海海域呈分散的环抱之势。在北面突出了辽东半岛，它的背后是辽阔的东北二省；在南面突出一个山东半岛，它的背后是黄河中下游；在西面渤海伸入华北的黄河、海河平原，它的背后是内蒙古高原和黄土高原。这种地理结构，决定了它们之间的经济联系与长三角和珠三角相比，是比较分散的。

三　北方沿海地区生态经济系统要素分异

（一）地表要素地域组合特征

北方沿海地区东隔渤海海峡与太平洋相望，西与中国西北地区相毗邻，北与东北地区相连，东南与华东区为邻，西南与中南区相接。北方沿海地区海陆兼备、幅员广阔、地理单元完整统一，周边地势较高并逐渐向渤海倾斜，地貌类型复杂多样。北部有内蒙古高原、阴山山脉、七老图山、努鲁儿虎山；西有吕梁山；南有中条山、豫北山地及黄河 - 海河平原；东部有辽东半岛的龙岗山、千山和山东丘陵，成为北方沿海地区的安全屏障；中部为广阔无垠的华北平原和辽河平原。辽西走廊是该区辽宁省与关内联系的陆上咽喉，战略地位十分重要。潼关是通向我国西北地区的重要关隘。黄河、海河、辽河、滦河为该区主要河流。北方沿海地区的地势地貌如图 5 - 22 所示。

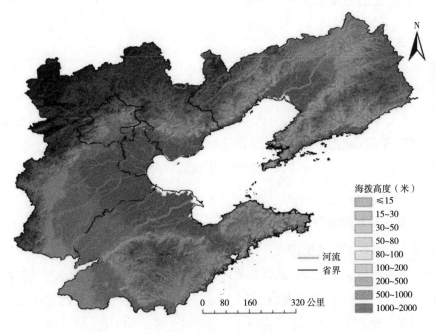

海拔高度（米）
≤15
15~30
30~50
50~80
80~100
100~200
200~500
500~1000
1000~2000

—— 河流
—— 省界

0　80　160　　　320 公里

图 5 - 22　北方沿海地区地势地貌

北方沿海地区基本处于暖温带区域，主要包括冀北辽西部分山地丘陵、京津唐平原、黄海低平原、山东半岛、鲁中丘陵、辽东半岛等地区。除了冀北辽西山地丘陵、鲁中丘陵、山东半岛、辽东半岛等，绝大部分地区都是地势低平的平原。其中，辽东半岛主体为侵蚀的中低山地貌，沿海边缘为海蚀平原，向西到辽河流域入海口地区转为冲积平原，进入辽宁省朝阳市 - 葫芦岛市后地貌类型变化为中低山侵蚀地貌，到达沿海边缘则变为海成平原的海积地貌，这种地貌沿渤海湾一直延伸到山东半岛黄河入海口附近。进入河北省以后，沿海地区由北向南、由西向东表现出明显的阶梯状降低的地貌特征。温暖湿润–半湿润季风气候下侵蚀的中低山、丘陵地貌变为冲积平原地貌、海积地貌。其中，滦河入海口处河口三角洲地貌特征明显。山东半岛则表现出较复杂的地貌类型，中低山及丘陵地带表现为侵蚀、溶蚀特点，到黄河下游流域及淮河以北广大地区是冲积平原所在地，沿海边缘地带变成海积形成的海成平原。

（二）生态环境地域分异特征

1. 生态区划

傅伯杰的中国生态区划方案将我国划分为 3 个生态大区、13 个生态地区和 57 个生态区。北方沿海地区含 8 种不同的生态区，即长白山针阔混交林生态区、东北平原农业生态区、华北山地落叶阔叶林生态区、北方沿海地区城镇及城郊农业生态区、胶东半岛落叶阔叶林生态区、鲁中南山地丘陵落叶阔叶林生态区、黄河–海河平原农业生态区、内蒙古高原东南缘农牧交错带脆弱生态区。

2. 生态脆弱度分异

北方沿海地区生态脆弱度分异如图 5–23 所示。

北方沿海地区生态环境比较好的地区包括：辽宁东部山区，这里是长白山针叶阔叶混交林区，植被状况好，生态系统稳定，而且人类活动相对较少；北京东北部地区生态环境也较好，这里对应燕山和太行山浅山地带，植被丰富，工业和农业经济不发达，人口密度低，人类活动不剧烈；山东半岛低山丘陵区、山东南部大部分地区生态环境也很好，这里分别为胶东半岛落叶阔叶林区、鲁中南山地丘陵落叶阔叶林区，地势变化不是太大，即使是山地丘陵地区，海拔也在 500 米左右，临近渤海，水热比较充足，植被条件好。

北方沿海地区生态脆弱的地区主要包括：冀北山地向内蒙古高原过渡的坝上地区和辽宁西北部地区，这里是农牧交错带，在气候上属于半湿润向半干旱地区的过渡带，在植被上属于森林草原向干草原过渡地带，

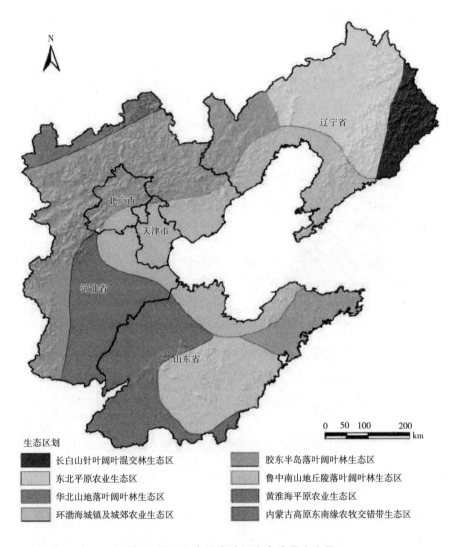

生态区划

■ 长白山针叶阔叶混交林生态区	■ 胶东半岛落叶阔叶林生态区
■ 东北平原农业生态区	■ 鲁中南山地丘陵落叶阔叶林生态区
■ 华北山地落叶阔叶林生态区	■ 黄淮海平原农业生态区
■ 环渤海城镇及城郊农业生态区	■ 内蒙古高原东南缘农牧交错带生态区

图 5 - 23　北方沿海地区生态脆弱度分异

而且降水、气温变化也都很大；河北西南部和黄河 - 海河平原部分地区，
人类活动强度较高，且水资源不足，生态丰裕度较低；临近渤海的地带，
特别是山东东营、潍坊一带，是北方沿海地区城镇工业及城郊农业区，
自然生态系统数量少，人口多，工业发达，人类活动强烈，对生态系统
的干扰和破坏很大。河北西南部地区和山东北部地区属于中脆弱地区，

主要是低脆弱区向重脆弱区过渡地带。北方沿海地区生态脆弱度如图5-24所示。

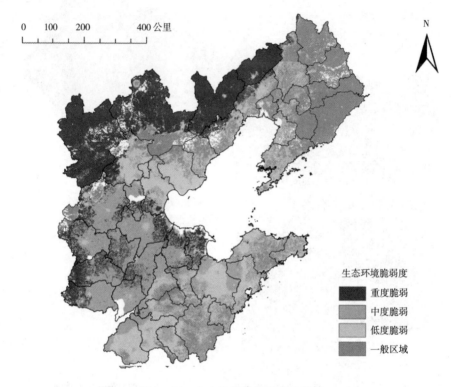

图5-24 北方沿海地区生态脆弱度

3. 资源环境承载力分异

北方沿海地区大部分为资源环境承载力超载地区。从空间上来说，严重超载地区主要是从首都或省会城市北京、天津、石家庄、济南及沈阳与大型城市大连、青岛向周围地区蔓延，直至整个环渤海地区。未超载地区主要集中在北方沿海地区的北部地区，此部分地区人类活动强度较弱，其承载状况在预测期内极少变化。而未超载区域的面积仅占整个北方沿海地区的30%，主要集中在北部的张家口市、承德市、朝阳市、葫芦岛市、阜新市、铁岭市、抚顺市及丹东市，整个未超载地区被沈阳至大连一线划分为两个子区域（见图5-25）。

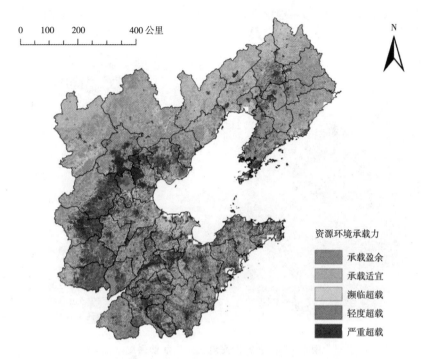

图 5 - 25　北方沿海地区资源环境承载力

（三）社会经济地域分异特征

1. 人类活动地域分异

北方沿海地区人类活动强度较高的地区主要集中在京津唐都市圈、辽中南都市圈、冀西南部城市带、山东西南部城市群，该部分地区人口密集，经济发展主要以第二产业和第三产业为主，处于工业化中级或高级阶段，人类活动强度指数均在 2 以上；城市边缘区、山东半岛东部地区人类活动强度趋中，人类活动强度指数处于 1～2；河北北部和辽宁由平原向山区过渡地区人类活动强度较弱，人类活动强度指数低于 1（见图 5 - 26）。

2. 经济发展水平地域分异

北方沿海地区经济发展水平较高的地区主要集中在京津唐都市圈、辽中南都市圈和山东半岛城市群，这些地区经济发展水平指数均在 2 以上，其中

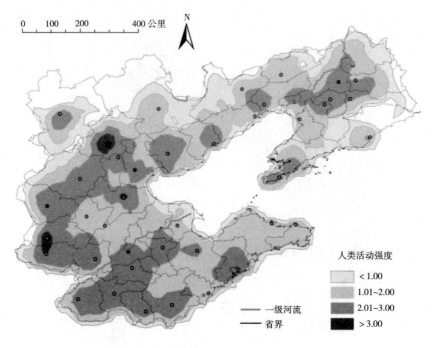

图 5 - 26　北方沿海地区人类活动强度

核心城市经济发展水平指数在 5 以上。河北西北部、辽宁西部地区经济发展水平较低，地区经济发展水平指数均在 2 以下（见图 5 - 27）。

（四）空间相关性分异

北方沿海地区所包含的京津唐、辽中南、山东半岛三个城镇密集区分别构成了三个经济核心区。三个核心区分别有各自不同的国内联系腹地和对外联系方向，有自己不同的中心城市和出海口。辽中南地区是东北三省及内蒙古东部的经济核心区和出海门户（大连），京津唐地区是华北地区的经济核心区和出海门户（天津），山东半岛是山东全省以及省外一部分地区的经济核心区和出海门户（青岛），进而形成了三个各自独立的二级城市经济区——华北经济区、东北经济区、山东经济区。三个经济区有各自的经济特点、产业布局，有各自不同的城市体系，各自内部具有紧密的社会经济联系，这种联系的紧密程度超过了三个经济区之间的联系。

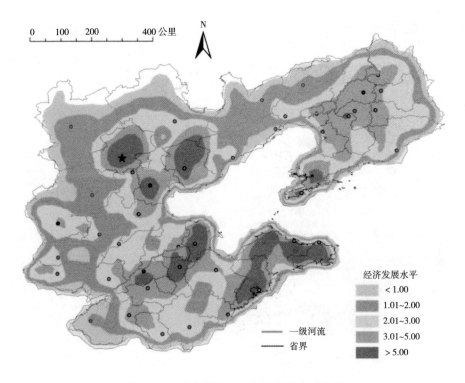

图 5 – 27 北方沿海地区经济发展水平分异

1. 人均 GDP 增长

北方沿海地区人均 GDP 增长呈高 – 高正相关的区域主要集中在京津唐城市圈和山东半岛东部城市群以及黄河三角洲城市带，该地区被人均 GDP 高速增长区包围，这一域所发生的对于经济增长具有正面影响的因素，会通过空间矩阵的结构，以乘数效应的形式向周边临近区域传递。人均 GDP 增长呈低 – 低正相关的区域主要集中在河北南部和山东西部城市带，该地区被人均 GDP 增长速度较慢地区包围。辽中南山东半岛中部城市群、河北北部地区人均 GDP 增长空间相关性不明显，辽中南地区中心城市与其他周边城市的城市流强度、外向功能量与城市流倾向度较低，从而削弱了整个城市群的经济联系。山东半岛中部城市群处在城市群发育的中期阶段，内部联系还较为松散，从而导致城市群的城市流强度、外向功能量与城市流倾向度都很低。图 5 – 28 是北方沿海地区人均 GDP 增长空间相关性分析。

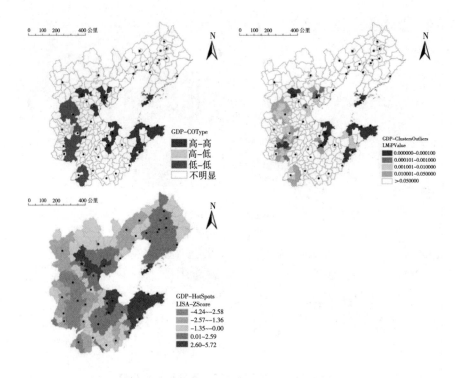

图 5-28 北方沿海地区人均 GDP 增长空间相关性分析

2. 城镇化

北方沿海地区城镇化率呈高 - 高正相关的区域主要集中在北京、山东半岛东中部城市圈、沈阳和大连周边，这一部分地区被高城镇化率地区包围，中心城镇化发展对周边地区城镇化发展具有明显的辐射带动作用，县域城镇化由重要城市增长极向外扩延发展。河北西南部城市带城镇化率呈低 - 低正相关，这一部分地区被低城镇化率地区包围，形成城镇化聚集区。其他部分区域城镇化空间相关性不明显，大城市的传导作用、增长极的扩散效应对该地区城镇化水平提高的促进作用不明显。北京、天津、石家庄等大中城市的发展，对周边农村非农就业与产业的转型发展有促进作用，但城镇化水平没有得到快速提高。受行政区域分割的影响，省、市交界处往往是农民收入的缓慢增长区域。河北、辽宁两省的欠发达区和贫困区在京津周边地区出现"灯下黑"现象，而辽宁"五点一线"沿海经济建设、天津滨海新区开发、河北曹妃甸建设目前对城镇化的带动作用并没有显现。北方沿海地区城镇化空间相关性分析如图 5 – 29 所示。

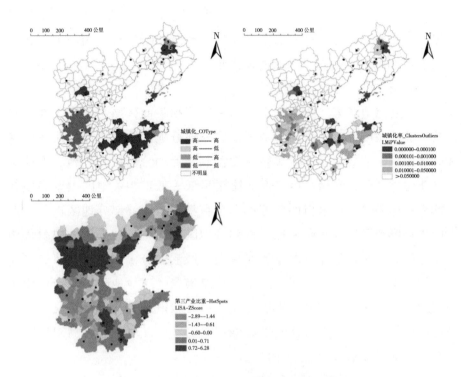

图 5 – 29　北方沿海地区城镇化空间相关性分析

3. 产业结构

（1）第一产业比重空间相关性。

北方沿海地区第一产业比重呈高 – 高正相关的区域主要集中在河北南部、山东北部和辽宁西部辽河流域，这一部分地区被第一产业比重较高地区包围，原因在于该部分地区农业生产依靠黄河与辽河灌溉，形成第一产业比重高分布集聚。第一产业比重呈低 – 低正相关地区主要集中在京津唐都市圈以及大连、济南、青岛、东营 – 淄博城市带等中心城市周边，该部分地区被第一产业比重较低地区包围，原因在于中心城市已发展到工业化中高级阶段，农业比重较低，且产业结构关联主要以第二、第三产业为主导，形成第一产业比重低分布集聚。第一产业发展主要受地、热、光、水等自然因素影响，其形成第一产业比重高集聚的原因也基于上述因素，而第一产业比重低集聚区的形成主要受中心城市经济发展水平影响，中心城市的主导产业和高水平产业结构会有效提升周边产业发展，中心城市支柱产业对周边地区形成分工协作，从而导致第一产业比重低地区集聚，其他部分地区第一产业比重与周边区域相关性不明显的原因也基于此。

（2）第二产业比重空间相关性。

北方沿海地区第二产业比重呈高－高正相关的区域主要集中在山东东营－淄博城市带、天津周边地区，这一部分地区被第二产业比重较高地区包围。该部分地区产业集聚主要由制造业的分工协作导致，形成第一产业比重高分布集聚。第二产业比重呈低－低正相关地区主要集中在河北秦皇岛周边、张家口西南部和辽宁阜新周边，该部分地区被第二产业比重较低地区包围，原因在于该部分地区中心城市尚未形成辐射周边的主导第二产业，工业发展不能对周边地区形成分工协作，且第二产业比重相对偏低，形成第二产业比重低分布集聚。其他地区第二产业比重与周边区域相关性不明显，原因在于各中心城市第二产业发展没有充分考虑与相邻区域的分工协作，中心城市第二产业发展不能对周边地区形成有效的辐射带动。

（3）第三产业比重空间相关性。

北方沿海地区第三产业比重呈高－高正相关的区域主要集中在北京周边地区、天津周边地区、北京与张家口接壤地区、大连周边地区、秦皇岛周边地区和泰安周边地区，这一部分地区被第三产业比重较高地区包围，原因在于该部分地区都有自己独特的第三产业资源，已形成相对成熟的第三产业发展模式，有效带动周边地区第三产业产业发展。第三产业比重呈低－低正相关的区域主要集中在山东菏泽市周边地区和东营周边地区，该部分地区被第三产业比重较低地区包围，原因在于该部分地区第三产业发展缓慢，无法形成第三产业集聚，形成第一产业比重低分布集聚。沈阳周边地区第三产业比重呈高－低负相关，该部分地区被第三产业比重较低地区包围，中心城市沈阳的第三产业发展对周边地区的辐射带动作用没有显现（见图5－30）。

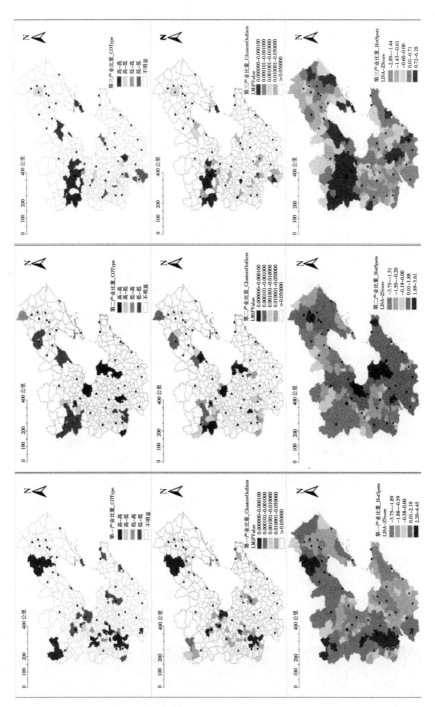

图 5 - 30　北方沿海地区三次产业结构空间相关性分析

经济结构空间相关性，体现在区域内部经济发展程度相对接近的城市之间，其空间相互影响的作用相对更强。这说明，区域内部的城市增长，在条件相当的城市之间，具有很强的模仿和分工合作效应，其增长过程是相互促进的一个良性竞争过程。

第六章
北方沿海地区生态经济区划方案

一　生态经济区划方案

运用生态经济区划模型和 ArcGis 软件进行空间栅格数据计算，对北方沿海地区进行生态经济区划研究。结合上述研究进行空间分异分析，提取单要素区划界线和绘制专题区划图。

（一）一级区为生态经济区

生态经济区划主要考虑指标为：

生态经济综合地域分异分值：> 0.60，0.30 ~ 0.60，< 0.30；

地貌：山地、丘陵、平原；

海拔高度：< 500 米，500 ~ 1500 米，> 1500 米；

人口密度：> 500 人/平方千米，100 ~ 500 人/平方千米，< 100 人/平方千米；

GDP 密度：> 500 万元/平方千米，100 万 ~ 500 万元/平方千米，< 100 万元/平方千米。

通过将上述几个指标进行叠置分析、分离组合、归并调整，兼顾行政区界和地域上的连续性，以县（区、市）级行政单位区划为底图，与上述单要素界线划分得到的矢量图叠加分析和进行空间关系的视觉信息比较，确定区划的基本界线。考虑山脉、河流等重要自然地理界线，对得到的基本界线进行适当调整，自上而下地将北方沿海地区划分为三大生态经济区（见表6-1和图6-1）。

表6-1 北方沿海地区一级生态经济区划

地域名称	编号	县、市、区
北部山地生态经济区	I	房山区,怀柔区,门头沟区,密云县,延庆县,阜平县,涞水县,涞源县,唐县,易县,承德市,承德县,丰宁县,宽城县,隆化县,滦平县,平泉县,围场县,兴隆县,鹰手营子矿区,涉县,武安市,青龙县,井陉县,灵寿县,平山县,赞皇县,临城县,内丘县,沙河市,邢台县,赤城县,崇礼县,沽源县,怀安县,怀来县,康保县,尚义县,万全县,宣化县,阳原县,蔚县,张北县,张家口市(桥东区、桥西区),涿鹿县,建昌县,朝阳(双塔、龙城),朝阳县,喀左县,建平县,凌源市,辽阳县,岫岩县,本溪(平山、溪湖),本溪县,桓仁县,丹东(元宝、振兴、振安),凤城市,宽甸县,抚顺县,清原县,抚顺(新抚、东洲),新宾县,开原市,铁岭(银州、清河),铁岭县,西丰县
华北平原生态经济区	II	北京市区,昌平区,大兴区,平谷区,顺义区,通州区,庆云县,武城县,夏津县,禹城市,安国市,安新县,保定市,博野县,定州市,定兴县,高阳县,蠡县,满城县,清苑县,曲阳县,容城县,顺平县,望都县,高碑店市,雄县,徐水县,涿州市,沧县,沧州市,东光县,河间市,泊头市,孟村县,南皮县,青县,任丘市,肃宁县,吴桥县,献县,盐山县,成安县,磁县,大名县,肥乡县,峰峰矿区,广平县,馆陶县,邯郸市,邯郸县,鸡泽县,临漳县,邱县,曲周县,魏县,永年县,安平县,阜城县,故城县,衡水市(桃城区),冀州市,景县,饶阳县,深州市,武强县,武邑县,枣强县,霸州市,大厂县,大城县,固安县,廊坊市(安次区、广阳区),三河市,文安县,香河县,永清县,卢龙县,藁城市,高邑县,晋州市,辛集市,栾城县,深泽县,石家庄市(长安区、桥东区),鹿泉市,无极县,行唐县,新乐市,元氏县,赵县,正定县,丰润区,滦县,迁安市,迁西县,唐山市(路南区、路北区),玉田县,遵化市,柏乡县,广宗县,巨鹿县,临西县,隆尧县,南宫市,南和县,宁晋县,平乡县,清河县,任县,威县,邢台市(桥东区、桥西区),新河县,滨城区,博兴县,惠民县,阳信县,邹平县,德城区,乐陵市,陵县,临邑县,宁津县,平原县,齐河县,曹县,成武县,定陶县,东明县,牡丹区,郓城县,巨野县,单县,鄄城县,济阳县,商河县,嘉祥县,济宁市(市中区、任城区),金乡县,梁山县,曲阜市,微山县,汶上县,兖州市,鱼台县,茌平县,东阿县,高唐县,冠县,东昌府区,临清市,莘县,阳谷县,苍山县,莒南县,临沭县,临沂市(兰山区、罗庄区),郯城县,东平县,枣庄市(市中区、薛城区),高青县,桓台县,淄博市(张店区、博山区),宝坻区,北辰区,蓟县,武清区,广饶县,河口区,垦利县,海兴县,黄骅县,昌黎县,抚宁县,秦皇岛市,丰南区,乐亭县,滦南县,唐海县,葫芦岛(连山区、南票区),绥中县,兴城市,凌海市,锦州(古塔区、凌河区),大洼县,盘锦(双台子、兴隆台),盘山县,鞍山(铁东、铁西、立山、千山),海城市,长海县,大连(中山、西岗),金州区,旅顺口区,瓦房店市,普兰店市,庄河市,东港市,盖州市,营口(站前区、西市),大石桥市,无棣县,沾化县,利津县,黄岛区,胶南市,胶州市,即墨市,莱西市,青岛(市南区、市北区),平度市,日照市(东港区、岚山区),昌邑市,高密市,寿光市,潍坊市(潍城区、寒亭区),诸城市,荣成市,乳山市,

续表

地域名称	编号	县、市、区
华北平原生态经济区	II	环翠区,文登市,长岛县,福山区,海阳市,莱阳市,莱州市,龙口市,牟平区,蓬莱市,栖霞市,烟台市(莱山区、芝罘区),招远市,大港区,东丽区,汉沽区,静海县,宁河县,塘沽区,天津市(和平、河东),西青区,北镇市,黑山县,义县,灯塔市,法库县,康平县,辽中县,沈阳(和平、沈河),台安县,北票市,阜新(海州、新邱),阜新县,彰武县,沈阳市,新民市,昌图县,调兵山市
山东丘陵生态经济区	III	长清区,济南市(历下区、市中区),平阴县,章丘市,泗水县,莱芜市(莱城区、钢城区),费县,蒙阴县,平邑县,沂南县,沂水县,莒县,五莲县,肥城市,宁阳县,泰安市(泰山区、岱岳区),新泰市,安丘市,昌乐县,临朐县,青州市,滕州市,邹城市,沂源县,淄川区

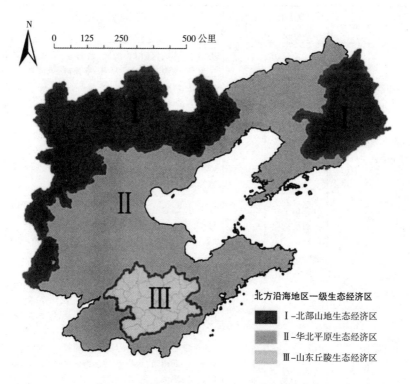

图 6-1　北方沿海地区一级生态经济区划

（二）二级区为生态经济亚区

在生态经济区划分的基础上，依据生态经济区划原则和二级综合生

— 123 —

态经济区划模型计算二级综合生态经济区划指标 D_i 值，综合上文对北方沿海地区区域资源环境承载力、区域人类活动强度、区域经济发展水平和空间自相关程度等综合指标及其组合状态，综合考虑地势和地貌、积温、平均降水量等生态环境因素以及产业发展方向的相似性，并适当兼顾市级行政边界的完整性，对各县（区、市）"自下而上"地进行合并和分区，利用 Arcgis 栅格计算器将北方沿海地区进一步划分出 7 个生态经济亚区（见表 6 - 2 和图 6 - 2）。

表 6 - 2　北方沿海地区二级生态经济区划

一级生态经济区	编号	二级生态经济区	编号	县、市、区
北部山地生态经济区	I	燕山 - 太行山山区弱 - 中度人类活动强度生态经济区	I - 1	房山区，怀柔区，门头沟区，密云县，延庆县，阜平县，涞水县，涞源县，唐县，易县，承德市，承德县，丰宁县，宽城县，隆化县，滦平县，平泉县，围场县，兴隆县，鹰手营子矿区，涉县，武安市，青龙县，井陉县，灵寿县，平山县，赞皇县，临城县，内丘县，沙河市，邢台县，赤城县，崇礼县，沽源县，怀安县，怀来县，康保县，尚义县，万全县，宣化县，阳原县，蔚县，张北县，张家口市（桥东区、桥西区），涿鹿县，建昌县，朝阳（双塔、龙城），朝阳县，喀左县，建平县，凌源市
		长白山 - 千山弱度人类活动强度生态经济区	I - 2	辽阳县，岫岩县，本溪（平山、溪湖），本溪县，桓仁县，丹东（元宝、振兴、振安），凤城市，宽甸县，抚顺县，清原县，抚顺（新抚、东洲），新宾县，开原市，铁岭（银州、清河），铁岭县，西丰县
华北平原生态经济区	II	华北平原高度人类活动强度生态经济区	II - 1	北京市区，昌平区，大兴区，平谷区，顺义区，通州区，安国市，安新县，保定市，博野县，定州市，定兴县，高阳县，蠡县，满城县，清苑县，曲阳县，容城县，顺平县，望都县，高碑店市，雄县，徐水县，涿州市，河间市，任丘市，肃宁县，磁县，峰峰矿区，邯郸市，邯郸，永年县，安平县，霸州市，大厂县，大城县，固安县，廊坊市（安次区、广阳区），三河市，文安县，香河县，永清县，卢龙县，藁城市，高邑县，晋州市，辛集市，栾城县，深泽县，石家庄市（长安区、桥东区），无极县，行唐县，新乐市，元氏县，赵县，正定县，丰润区，滦县，迁安市，迁西县，唐山市（路南区、路北区），玉田县，遵化市，柏乡县，隆尧县，南和县，宁晋县，任县，宝坻区，北辰区，蓟县，武清区

续表

一级生态 经济区	编号	二级生态 经济区	编号	县、市、区
华北 平原生态 经济区	Ⅱ	华北平原中 度人类活动 强度生态经 济区	Ⅱ-2	庆云县,武城县,夏津县,禹城市,沧县,沧州市,东光县,泊头市,孟村县,南皮县,青县,吴桥县,献县,盐山县,成安县,大名县,肥乡县,广平县,馆陶县,鸡泽县,临漳县,邱县,曲周县,魏县,阜城县,故城县,衡水市(桃城区),冀州市,景县,饶阳县,深州市,武强县,武邑县,枣强县,鹿泉市,广宗县,巨鹿县,临西县,南宫市,平乡县,清河县,威县,邢台市(桥东区、桥西区),新河县,滨城区,博兴县,惠民县,阳信县,邹平县,德城区,乐陵市,陵县,临邑县,宁津县,平原县,齐河县,曹县,成武县,定陶县,东明县,牡丹区,郓城县,巨野县,单县,鄄城县,济阳县,商河县,嘉祥县,济宁市(市中区、任城区),金乡县,梁山县,曲阜市,微山县,汶上县,兖州市,鱼台县,茌平县,东阿县,高唐县,冠县,东昌府区,临清市,莘县,阳谷县,苍山县,莒南县,临沭县,临沂市(兰山区、罗庄),郯城县,东平县,枣庄市(市中区、薛城区),高青县,桓台县,淄博市(张店区、博山区)
		辽西平原中 度人类活动 强度生态经 济区	Ⅱ-3	北镇市,黑山县,义县,灯塔市,法库县,康平县,辽中县,沈阳(和平、沈河),台安县,北票市,阜新(海州、新邱),阜新县,彰武县,沈阳市,新民市,昌图县,调兵山市
		沿海高度人 类活动强度 生态经济区	Ⅱ-4	广饶县,河口区,垦利县,海兴县,黄骅市,昌黎县,抚宁县,秦皇岛市,丰南区,乐亭县,滦南县,唐海县,葫芦岛(连山区、南票区),绥中县,兴城市,凌海市,锦州(古塔区、凌河区),大洼县,盘锦(双台子、兴隆台),盘山县,鞍山(铁东、铁西、立山、千山),海城市,长海县,大连(中山、西岗),金州区,旅顺口区,瓦房店市,普兰店市,庄河市,东港市,盖州市,营口(站前区、西市),大石桥市,无棣县,沾化县,利津县,黄岛区,胶南市,胶州市,即墨市,莱西市,青岛市(市南区、市北区),平度市,日照市(东港区、岚山区),昌邑市,高密市,寿光市,潍坊市(潍城区、寒亭区),诸城市,荣成市,乳山市,环翠区,文登市,长岛县,福山区,海阳市,莱阳市,莱州市,龙口市,牟平区,蓬莱市,栖霞市,烟台市(莱山区、芝罘区),招远市,大港区,东丽区,汉沽区,静海县,宁河县,塘沽区,天津市(和平、河东),西青区

续表

一级生态经济区	编号	二级生态经济区	编号	县、市、区
山东丘陵生态经济区	Ⅲ	山东丘陵中度人类活动强度生态经济区	Ⅲ不做生态经济亚区区划	长清区,济南市(历下区、市中区),平阴县,章丘市,泗水县,莱芜市(莱城区、钢城区),费县,蒙阴县,平邑县,沂南县,沂水县,莒县,五莲县,肥城市,宁阳县,泰安市(泰山区、岱岳区),新泰市,安丘市,昌乐县,临朐县,青州市,滕州市,邹城市,沂源县,淄川区

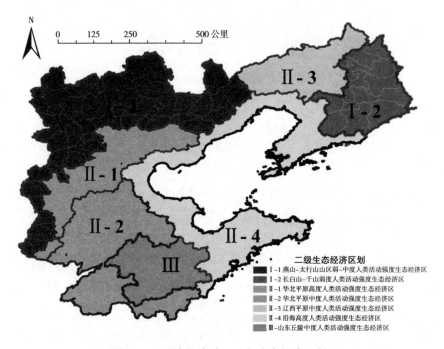

图 6-2 北方沿海地区一级生态经济区划

二 不同生态经济区特征与主要矛盾分析

由于北方沿海地区生态环境的复杂性和社会经济地域的差异性,各生态经济区(亚区)都有其特有的生态经济特征和矛盾,本节在各生态经济区

（亚区）基本特征的基础上，根据生态脆弱度和人类活动强度两个综合指标，分析了各生态经济区（亚区）的生态脆弱度和人类活动强度特征，探讨了各生态经济区（亚区）的主要矛盾，为下面的章节提出因地制宜的生态经济发展模式打下坚实的基础。

（一）燕山－太行山山区弱－中度人类活动强度生态经济区

1. 基本情况

燕山－太行山区地处山西高原与华北平原的交会地带，气候四季分明。此地区属暖温带大陆性季风气候，年平均气温为 7.4℃～13.9℃，年太阳辐射强度为 0.050～0.057 千焦/平方米，年降雨量不足 300 毫米，有的地方年降水量仅为 17 毫米，但年均蒸发量大于 1600 毫米。该区海拔 100～2000 米，地势西高东低，依次为亚高山、中山、低山、丘陵和冈梁，低山丘陵之间有盆地及谷地。其中，海拔 100～800 米的低山丘陵区是太行山的主体，也是该区重要的农业和林业生产基地，该区具有独特的自然环境和人文历史背景，是京津和华北平原的重要生态屏障，同时由于受自然因素和人为活动影响，植被稀疏、水土流失严重。北部山区降水充沛，植被茂密；而丘陵地区人为影响较重，植被覆盖度较差。山区的地貌特征成为山区发展农业生产的障碍因素，造成山区经济欠发达，居民生活较贫困。

2. 生态经济协调发展的主要矛盾

（1）恶劣自然条件和灾害频发导致自然资源利用粗放、生态失衡。

燕山－太行山区耕地、水资源日益紧缺，多年来农业生态条件改善缓慢，农业基础设施建设滞后，加之片面追求农业产量的垦殖开荒，加剧了生态环境的恶化，主要表现如下。

第一，干旱缺水，可利用的水资源少且利用率低。地表水受地形和耕地位置及水利设施不足的影响，大部分地区山高水低，水资源不能有效利用。地下水受埋藏深度和开采条件限制，利用难度大，自用量很少。

第二，土层薄、质地差、耕地肥力低。据测算，全区土壤薄于 30 厘米和小于 10 厘米的面积分别占总面积的 37.8% 和 12.3%。作物产量低，人口又不断增加，需要更多的耕地以维持生存，进而毁林、毁草种地，生态环境进一步恶化，致使土地更加贫瘠，形成恶性循环。

第三，恶劣的自然条件与特殊的地理位置造成干旱、风沙、霜冻、冰雹等自然灾害频繁。据统计，太行山早春旱频率达 79.5%，初夏旱频率达 60.0%，伏旱为 30%～40%。太行山区面积的 20%～30%，由于气候较干旱，植被覆盖度低，加之坡耕地和过度放牧等，水土流失严重。水土流失面积达 188 多万公顷，平均侵蚀模数近千吨/年·平方千米。年均水土流失率为 57%，高出河北省平均水平 20.2 个百分点。

（2）经济结构不合理，人口压力大，环境破坏严重。

首先，燕山－太行山区与全省乡村人口比例都一直居高不下，已成为社会经济发展的一大难点，山区面积和人口数分别占全省的 17.22% 和 13.6%。山区人口的逐年增加，对耕地资源的掠夺开垦及传统不合理的"低层次平面垦殖"开发方式，使得隐含着的"人口－耕地－粮食"螺旋冲突表面化，最终导致资源利用率低下，生态经济效益递减，形成恶性循环。

其次，制约山区经济协调发展的诸多因素、诸多关系、诸多矛盾中，具有综合性、核心性的是山区的经济结构，特别是山区农村的经济结构。长期以来，传统的经济结构制约着山区经济的发展。传统的经济结构是一种简单、低层次的"生产－消费"，以追求自给自足为目的的封闭或半封闭的经济结构，资源利用粗放，产品比较单一，商品率低，生产力低下，经济效益差，环境破坏严重。

（3）缺乏科学发展规划与技术支持系统，生态经济难以协调发展。

首先，在过去的几十年，受人们认识水平及社会生产力发展水平的制约，山区人口、资源、环境与经济发展失调，并带来一系列的生态环境问题。面对这种形势，目前急需一项以生态平衡为基础的有效协调山区人口、资源、环境与经济发展的综合实施规划。

其次，在社会物质资料的再生产过程中，经济系统总是通过一定技术手段与生态系统融合为一个整体的。从目前来看，我国山区多是以资源初级开发的横向技术为特点，缺乏环境保护治理技术、生态良性循环技术、资源更新的有效替代技术、资源多种循环综合利用技术等。从长远角度看，努力开发与发展这些技术，构筑有效的技术支持系统是实现我国山区经济协调发展的保证。

（二）长白山－千山弱度人类活动强度生态经济区

1. 基本情况

长白山－千山弱度人类活动强度生态经济区包括抚顺、本溪、丹东大部分地区、铁岭、沈阳、辽阳、鞍山、营口东部山区，面积约为4.49万平方千米。本区是全省地势最高的区域，水资源丰富，森林覆盖率超过50%，生物多样性丰富。本区夏季多雨，冬季多雪，年降水量为700～1200毫米，年平均气温为5℃～8℃，无霜期为140～160天，年积温小于3200℃，绝对最低温度为－31℃～37℃，干燥度为0.66。东部山区有林地面积2.67×10⁶公顷，森林蓄积量为1.25×10⁸立方米，分别占辽宁省的63.72%和69.44%。地带性森林植物群落是以红松为主的针叶阔叶混交林，还有较大面积的阔叶杂木林。主要树种有红松、日本落叶松、华北落叶松，东北三大珍贵阔叶树是核桃楸、水曲柳、黄菠萝。由于雨量充沛，辽东地区动物资源比较丰富，种类较多，有500余种，其中两栖类动物有10余种，爬行类动物有20余种，鸟类动物有360余种，兽类动物有70余种。同时，区内拥有丰富的水力资源，大约占辽宁省总量的70%以上，是清河、柴河、浑河、太子河、大洋河等较大河流的发源地，有包括大伙房、观音阁在内的14座大中型水库。区内分布百余条大小支流，年蓄水量可达1.57×10¹⁰吨，保障着全省中部平原地区的工农业用水及人民群众生活用水。东部山区还拥有丰富的森林景观资源，有包括大孤山、大鹿岛、元帅林在内的9个国家级森林公园，3个自然保护区。森林旅游业已初见规模，并且发展潜力很大。除此之外，本区还拥有丰富的林副产品、矿藏资源等，具有广阔的生态经济开发前景。

东部山区凭借着雄厚的资源优势，进行了多种生态经济开发，如小流域森林立体开发、生态经济沟建设、生态县建设等，都取得了一定的成效。其中新宾县北四平乡的生态经济综合开发，以林业为依托，以开发治理为重点，以林、药、牧为突破口，大力发展生态经济，取得了一定的经济效益。同时，充分利用小流域内丰富的水、牧草资源，发展牛、羊等放牧业，开展林蛙（鱼）－鹅－猪－稻－食用菌等循环系统种养殖业，以及陆地香菇、庭园经济、玉米制种业等，充分利用食物链原理，增加山区的产品输出，活跃山区的生态经济。

2. 生态经济协调发展的主要矛盾

①生态环境保护与经济建设矛盾日益突出。

森林植被继续遭到破坏，水土流失日益严重。据不完全统计，桓仁富尔江水文站观测 1993 年侵蚀模数为 $21.2 ta^{-1} \cdot km^{-2}$，比 1989 年增加了 29.5 倍。岫岩县由于大量的蚕场沙化，植被质量严重下降，1986～1987 年连续发生洪水、滑坡、泥石流等，1994 年 8 月又发生较大的泥石流。另外，太子河、浑河、清河、柴河的含沙量也逐年增多，水土流失情况日益严重，森林植被抵御灾害能力下降。

②生态经济意识不强，资源利用不合理。

人们的思想素质低，生态经济意识不强等原因，造成山区资源的不合理利用，不仅使山区的资源优势没有发挥出来，资源浪费严重，而且还对山区生态环境造成破坏。人们只注重眼前利益，对资源进行掠夺式的开发、利用，而忽略了对资源的长期、稳定、持续开发和利用，最终导致山区现有资源日益减少，资源的可持续发展能力逐年降低。近年来，东部山区的地板、削片发展得比较快，有些地区出现了滥采、乱砍、盗伐等现象，导致东部山区的三大针叶阔叶树数量逐年下降，一些地区的阔叶林已经到了濒临绝迹的地步。

③生态经济发展不完善，效益不明显。

东部山区的生态经济发展由于缺少规模，没有发挥出固有的效益。如山野菜的开发利用、牧业生产的开发、林蛙养殖等均是农民一家一户自主经营的小农经济，没有走上生态经济持续发展之路。另外，外向型经济也比较少，仅有少数经营加工木制品的企业。由于外资企业数量少、产品单一，东部山区的生态经济发展缺乏活力。

（三）华北平原高度人类活动强度生态经济区

1. 基本情况

该区主要包括北京市区和河北中南部的城市区，经济发展基础较好，气候为典型的暖温带半湿润大陆性季风气候，夏季高温多雨，冬季寒冷干燥，春、秋短促。全年无霜期为 180 ~ 200 天，西部山区较短。2007 年平均降雨量达到 483.9 毫米，为华北地区降雨最多的地区之一。降水季节分配很不均匀，全年降水的 80% 集中在夏季 6 月、7 月、8 月三个月，7 月、8 月有大雨。

2. 生态经济协调发展的主要矛盾

该区集中了华北地区主要大城市，区内北京市的发展情况最为典型，以北京市为例进行具体分析。

（1）人口规模持续膨胀使资源环境承载压力过大。

2000 年以来，北京的常住人口规模（指户籍人口和暂住半年以上的外来人口，下同）持续快速增长并始终保持在高位（见表 6 - 3）。其中，城市总体规划实施 5 年来（即 2005 ~ 2009 年，下同），全市总人口数共增长约262.3 万，年均增加人口约 52.5 万。至 2010 年底，全市常住总人口为1961.2 万，其中，常住户籍人口为 1256.7 万（占总人口的 64%），外来人口为 704.5 万（占总人口的 36%）。除人口规模持续快速增长外，全市人口发展中还存在继续向中心城集聚，城乡分布不均衡，人口文化素质、年龄、就业等结构不尽合理等问题。北京人口规模持续快速大量增长，在促进经济增长、社会发展的同时，也带来对新增就业、新建住宅、交通出行、就学就医等方面的大量需求，以及为满足这些需求所必需的资源消耗——土地开发、房屋建设、能源消费、水源供给等。

表 6 - 3　2000 ~ 2010 年北京市人口增长情况

单位：万人

年份	常住总人口		其中:户籍和外来人口	
	总人口	净增	常住户籍人口	外来人口
2000	1363.6	106.4	1107.5	256.1
2001	1385.1	21.5	1122.3	262.8
2002	1423.2	38.1	1136.3	286.9
2003	1456.4	33.2	1148.8	307.6
2004	1492.7	36.3	1162.9	329.8
2005	1538	45.3	1180.7	357.3
2006	1581	43	1197.6	383.4

年份	常住总人口		其中：户籍和外来人口	
	总人口	净增	常住户籍人口	外来人口
2007	1633	52	1213.3	419.7
2008	1695	62	1229.9	465.1
2009	1755	60	1246.5	508.5
2010	1961.2	206.2	1256.7	704.5

（2）水资源严重短缺导致水环境污染及潜在的生态安全问题。

水资源严重短缺是北京市发展的关键因素之一。北京属于资源性严重缺水城市，目前又处于历史上最大枯水期，1999～2009年平均水资源量为21.2亿立方米，仅为多年平均水资源量的57%，而2005～2009年，全市总用水量平均为34.8亿立方米，用水缺口达13亿～14亿立方米。北京的供水结构，已由2000年前的以降水和外来水等新水为主，转变为目前的以地下水为主。2009年全市地下水开采21.8亿立方米（包括地下水源井及应急水源地超采地下水），占总供水量的61%（大部分为生活饮用水），地表水仅占7.3%，再生水利用6.5亿立方米，占18.3%。水资源的严重短缺，不仅对经济产业发展的硬约束不断增强，而且也造成地下水超采日趋严重。随着农业灌溉技术的提高、河道衬砌工程建设等，农业灌溉渗漏补水、河流径流侧向渗透补水等地表水渗漏补给量都在逐年减少，北京平原地区的地下水平均埋深已从1999年的12米，下降到目前的24米，年均下降1.2米，地下水环境污染也随之加剧。地下水位持续下降，也造成地面沉降等潜在的安全隐患。

（3）资源大规模消耗及空间集聚造成人居环境质量不断降低。

随着城市建设规模的扩张，一些地区的人居环境、出行质量在不断降低，与提高居民生活质量的城市发展目标相背离。同时，土地资源紧缺、环境污染、交通拥堵问题等也愈来愈严重，综合解决人口资源环境问题面临较大瓶颈制约。

其一，随着人口大量增加和集聚，近年来北京的人口密度不断增加，如目前旧城区人口密度已达2.27万人/平方千米，中心城人口密度达9200人/平方千米，且在规划的中心城绿化隔离地区内，规划绿地不断被其他各项建设所蚕食，绿化面积和开敞空间逐步减小，居住生态环境质量的进一步提升受到较大制约。

其二，初步估计，截至 2010 年全市城镇各类房屋的总建筑规模已超过 7.5 亿平方米（其中住宅建筑总面积约 4.1 亿平方米），此外农村地区还有大量的平房建筑。仅 2005～2009 年的 5 年间，全市各类房屋竣工面积总量就达到 2.06 亿平方米。面对如此大规模的人口与建设量的增长，水、电、气、热等城市各项基础设施承载能力的提升也滞后于快速发展的需要。

其三，垃圾处理和污染问题严重。北京生活垃圾年均增长 8% 以上，日产垃圾 1.84 万吨，处理能力只有 1.04 万吨，明显不足，处理设施普遍超负荷运转。同时，垃圾处理设施建设面临选址难、建设难问题，如"十一五"规划的五座垃圾焚烧设施目前仅建成一座。

其四，在很多居民小区内，楼前的活动空间绝大部分都被停车所占用，不仅难于管理，而且造成环境污染和生活不便；小区内原有的一些空地或规划配套服务设施用地，也不断被开发建设所占用，公共活动空间越来越少。这些问题的产生，都是对公共空间资源的利用不当所造成的，是亟待解决的民生问题之一。

其五，城市交通拥堵问题严重。近年来北京机动车增长迅猛，目前全市机动车拥有量已接近 500 万辆，高峰时段主要路段交通拥堵情况仍十分严重。交通拥堵问题的产生，原因十分复杂，其中，对道路空间资源利用不合理，对公共交通资源的规划、建设、管理不协调、不合理等，也是主要的原因之一。

（四）华北平原中度人类活动强度生态经济区

1. 基本情况

该区包括河北南部和山东北部地区，鲁北平原和黄河三角洲生态区北、西至省界，地貌上为华北大平原的一部分，包括邯郸、邢台、沧州、济南、淄博、东营、潍坊、德州、聊城、滨州的全部或部分区域。降水少，蒸发强，是全省大陆性最强的地区，土壤为潮土和盐化潮土，自然植被以盐生灌丛和草甸为主。黄河三角洲湿地保护区位于该区内，是具有重要意义的湿地。该区内土地资源丰富，是全省重要的粮棉基地，是保持山东省耕地总量动态平衡和增加农业用地面积的重要后备资源区。以油气资源、天然卤水资源为主的矿产资源丰富，已形成了以石油和天然气开采、纺织、造纸、食品、化工为特色的工业生产体系。

2. 生态经济协调发展的主要矛盾

一是气候干旱和水资源短缺；二是土壤盐渍化与沙化严重；三是超采深层地下水造成漏斗区不断扩大，引起部分区域的地面沉降；四是水污染严重。

（五）辽西平原中度人类活动强度生态经济区

1. 基本情况

辽西平原中度人类活动强度生态经济区包括辽河平原和辽西北沙地。

辽河平原生态区包括铁岭、沈阳、辽阳、鞍山大部分地区，锦州、营口一部分地区，抚顺、本溪城区和近郊，面积约为 3.44 万平方千米。主导生态功能是支撑城镇发展、农产品生产和自然湿地保护。

辽西北沙地生态区地处北方农牧交错地带、科尔沁沙地南缘，包括昌图县西部、康平县全部、阜新和朝阳市北部，面积约为 1.51 万平方千米。主导生态功能是土地沙化控制。

2. 生态经济协调发展的主要矛盾

一是中部城市群城市集中，污染叠加，一些污染物排放量超过环境承载能力，环境质量亟待改善；二是水资源短缺，水污染严重，部分城市地下水超采，形成地下漏斗，辽河平原地下水高铁、高锰原生环境地质问题突出；三是森林面积较少，绿化水平较低，尤其是柳河、绕阳河谷地土地沙化和盐渍化较重，河道宽，水量小，河床除汛期外呈裸露状态，是省内的主要沙尘源之一；四是南部滨海平原是盐渍化重点地区，自然湿地不断减少，石油污染加剧；五是化肥、农药等农用化学品施用强度大，规模化畜禽养殖场缺乏基本的污染防治设施，农业面源污染严重。

（六）沿海高度人类活动强度生态经济区

1. 基本情况

（1）辽宁沿海。

辽宁沿海经济带由大连、丹东、锦州、营口、盘锦、葫芦岛 6 个沿海市所辖的 21 个市区和 12 个沿海县市（庄河市、普兰店市、瓦房店市、长海县、东港市、凌海市、盖州市、大石桥市、大洼县、盘山县、兴城市、绥中县）组成，长约 1400 千米，宽 30～50 千米，土地面积约占全省的 1/4，人口约占 1/3，地区生产总值占近 1/2，是东北地区唯一的沿海区域，在辽宁和东北地区经济发展中占有重要地位。

（2）河北、天津沿海。

河北沿海地区包括秦皇岛、唐山、沧州三市所辖行政区域，陆域面积为 3.57 万平方千米，海岸线长 487 千米，海域面积为 0.7 万平方千米。河北沿海地区北接辽宁沿海经济带，中嵌天津滨海新区，南连黄河三角洲高效生态经济区，在促进京津冀及全国区域协调发展中具有重要战略地位。

（3）山东沿海。

山东全部海域和青岛、东营、烟台、潍坊、威海、日照 6 市及滨州市的无棣、沾化 2 个沿海县所属陆域，海域面积为 15.95 万平方千米，陆域面积为 6.4 万平方千米。2009 年，区内总人口数为 3291.8 万，人均地区生产总值为 50138 元。

海洋空间资源综合优势明显。山东半岛陆地海岸线总长 3345 千米，约占全国的 1/6，沿岸分布 200 多个海湾，以半封闭型居多，可建万吨级以上泊位的港址 50 多处，优质沙滩资源居全国前列。拥有 500 平方米以上的海岛 320 个，多数处于未开发状态。海洋空间资源类型齐全，可用于开发建设的空间广阔。

海洋生物、能源矿产资源富集。近海海洋生物种类繁多，全省海洋渔业产量长期居全国首位。海洋矿产资源丰富，海洋油气已探明储量为 23.8 亿吨，我国第一座滨海煤田——龙口煤田累计查明资源储量 9.04 亿吨，海底金矿资源潜力在 100 吨以上，地下卤水资源已查明储量 1.4 亿吨。海上风能、地热资源开发价值大，潮汐能、波浪能等海洋新能源储量丰富。海洋资源禀赋较好，开发潜力巨大。

海洋人文资源底蕴深厚。山东海洋文化拥有约 6500 年的历史，底蕴深厚、特色鲜明。近年来举办的青岛奥帆赛、中国水上运动会、国际海洋节、中国海军节等一系列重大活动，进一步丰富了海洋文化内涵。海洋文化优势突出，有利于提升海洋经济发展的软实力。

海洋生态环境承载能力较强。山东半岛属典型的暖温带季风气候，台风登陆概率低。近岸海域以清洁、较清洁海区为主，水动力条件较好，自净能力较强。全省海洋自然保护区、海洋特别保护区和渔业种质资源保护区数量均居全国前列。近岸海域生态环境质量总体良好，能够为海洋经济发展和滨海城镇建设提供必要的支撑。

2. 生态经济协调发展的主要矛盾

该区是北方沿海经济发展的核心地区，具有城市密集、人口密集、交通密集、企业密集、建筑密集等城市生态系统的特点，面临着资源与环境承载能力不足、可持续发展能力受到制约的问题。

一是部分海域开发利用形式粗放，不合理占用岸线和海域现象严重，盲目围海填海，自然滨海湿地急剧减少，海湾和岸线减缩问题突出，地下水超采导致海水入侵，海岸生态系统遭到破坏，台风、冬季海冰等海洋气象灾害较重；二是近海捕捞业的盲目发展导致渔业资源严重衰退，部分海洋珍稀物种濒临灭绝；三是近岸海域，特别是一些局部海域水质污染严重，海洋赤潮频繁发生；四是河流入海淡水量减少，部分滨海湿地质量呈退化趋势，标志性景观红海滩（碱蓬）面积逐渐萎缩；五是没有合理规划海水养殖业，没有充分考虑海洋生态承载能力，过多过滥发展海水养殖业。

环渤海区域生态超载严重，环境支撑能力下降，资源保证能力低下，导致生态系统对社会经济发展的支撑能力降低，区域可持续保障力受到严重挑战，处于不可持续发展状态。

（1）人口密度大，生态超载严重，生态承载力低下。

在资源开发利用方面，环渤海地区土地的利用率已高达88%，人均耕地占有量不到0.08公顷，矿产资源的开发潜力已十分有限。随着经济的快速发展，能源的消费量还将保持快速增长趋势，这将导致严重的生态超载和生态负债。因此，资源的消费过量导致了环渤海地区社会经济发展与环境的极度不协调，生态承载力低下，已成为制约环渤海地区可持续发展的重要瓶颈。

（2）单位资源产出率低，资源浪费严重，资源的有效利用率低下。

受国内现有生产技术水平的限制，资源的循环利用率低，表现为单位资源的产出率低，资源浪费严重，与国际先进水平相比，还存在很大差距。单位资源产出率低下，导致资源严重浪费，这对本已经日益紧张的资源供需关系来说，无疑是雪上加霜。因此，资源短缺加之利用率低下势必会导致环渤海地区生态经济系统的支持能力下降，资源的保证力低下，这使今后环渤海地区经济社会可持续发展面临严峻的挑战。

（3）产业结构不合理，污染排放强度高，环境污染严重。

环渤海地区是我国的重工业地区，二次产业比重偏高，三次产业比重偏低，产业结构不合理，导致环境污染严重，这是制约环渤海地区可持续发展的又一瓶颈。环渤海地区工业产生的大量污染物，对区域产生严重的影响。随着经济的快速发展，高强度的污染排放必然导致更大量的污染进入本已脆弱的生态环境，将对区域环境质量产生重要影响，加大污染治理的难度，从而导致生态系统功能的持续下降。生态环境质量的持续恶化，多种污染问题的复合叠加，环境的支撑力下降，是环渤海地区未来发展中无法回避的问题。

（七）山东丘陵中度人类活动强度生态经济区

1. 基本情况

山东丘陵中度人类活动强度生态经济区包括济南、淄博、枣庄、潍坊、济宁、泰安、莱芜、临沂的全部或部分区域，是全省地势最高的地区，水系较发达，气候为暖温带季风气候，植被类型为暖温带落叶阔叶林，生物多样性也比较丰富。该区水热充足，地貌类型多样，已形成山东粮、油、干果、烤烟等生产基地，矿产资源和旅游资源丰富。

2. 生态经济协调发展的主要矛盾

一是森林植被稀少、涵养水源能力低、水土流失严重；二是局部地区超采地下水形成漏斗区，岩溶塌陷时有发生，济南南部山区的开发建设已影响泉水补给，城市的生态保障系统受到威胁；三是环境污染严重，空气质量超标，小清河等河流变成排污河，垃圾围城现象普遍；四是煤炭等开采导致地面塌陷，开山采石造成的生态破坏，严重影响城市周围、交通沿线的自然景观。

第七章
不同生态经济区发展战略与保障对策

鉴于不同生态经济区所具有的生态经济特征和矛盾，以及在今后北方沿海地区可持续发展中的地位与作用，本章根据各生态经济区的资源与生态环境承载力，针对主要的生态经济矛盾和症结，进一步对各生态经济区的发展战略和发展模式进行研究，旨在为北方沿海地区生态经济跨越式发展提供强有力的支撑。

一　不同生态经济区主体功能定位

（一）平原都市生态经济类型区主体功能定位及发展方向

平原都市生态经济类型区包括：华北平原高度人类活动强度生态经济区，华北平原中度人类活动强度生态经济区与辽西平原中度人类活动强度生态经济区。

华北平原高度人类活动强度生态经济区的功能定位是："三北"地区的重要枢纽和出海通道，全国科技创新与技术研发基地，全国现代服务业、先进制造业、高新技术产业和战略性新兴产业基地，我国北方的经济中心。强化北京的首都功能和全国中心城市地位，着眼建设世界城市，发展首都经济，增强文化软实力，提升国际化程度和国际影响力。加快建设人文北京、科技北京、绿色北京。强化创新功能，加快中关村国家自主创新示范园区的建设，建设国家创新型城市。不断改善人居环境，建设宜居城市；优化提升京津主轴的发展水平，提高廊坊、武清等京津周边地区承接京津主城区部分功能转移的能力，建设高新技术产业和先进制造业基地。发展都市型现代农业，推进农产品加工业，建设现代化的农产品物流基地。

华北平原中度人类活动强度生态经济区的功能定位是：重要的新能源、装备制造业和高新技术产业基地，区域性物流、旅游、商贸流通、科教文化和金融服务中心。构建以石家庄为中心，以京广沿线为主轴，以保定、邯郸等城市为重要支撑点的空间开发格局；壮大京广沿线产业带，重点发展现代服务业以及新能源、装备制造、电子信息、生物制药、新材料等产业，改造提升钢铁、建材等传统产业；提升冀中南地区整体竞争实力，强化石家庄中心城市地位，完善服务功能，建设区域性科技创新基地；增强保定、邯郸、邢台等城市集聚人口和经济的能力，提高区域内基础设施和公共服务设施的网络化水平；稳定发展粮食生产，保障主要农产品有效供给，推进农业产业化经营，加强农业农村基础设施建设；加强南水北调中线引江干支渠、城市河道人工湿地建设，构建由防护林、城市绿地、区域生态水网等构成的生态格局。

辽西平原中度人类活动强度生态经济区的功能定位是：东北地区对外开放的重要门户和陆海交通走廊，全国先进装备制造业和新型原材料基地，重要的科技创新与技术研发基地，辐射带动东北地区发展的龙头。增强沈阳经济区整体竞争力，促进区域一体化。加强城市间分工协作和功能互补，促进产业转型和空间重组，提升产业的整体竞争力，建设先进装备制造业、重要原材料和高新技术产业基地；强化沈阳、大连中心城市功能，加强综合服务功能和辐射带动能力，增强节点城市综合实力。将沈阳建设成为东北亚商贸物流服务中心，将大连建设成为东北亚国际航运中心和国际物流中心；加强粮食生产基地建设，稳定特色农产品生产、加工和出口基地地位，重视海洋渔业经济，推进循环农业发展。

1. 华北平原高度人类活动强度生态经济区

该区是华北平原城镇与人口密集区，也是传统工业集中区，环境欠账较多，应坚持生态环境保护与社会经济发展同步，逐步强化生态功能。优化产业与区位布局，促进冶金、石化等重型产业向滨海地区转移，加快先进装备制造业基地、高加工度原材料基地、高技术产业和农产品加工示范区建设。农业开发以建设稳产、高效的基本农田为重点，开发推广农业高新技术，发展节水农业、生态农业和现代农业。大力发展第三产业，构建以北京为中心的金融、信息、物流、会展等现代服务业基地，打造首都经济圈，带动周边区域发展。

2. 华北平原中度人类活动强度生态经济区

华北平原中度人类活动强度生态经济区保护与发展的主要方向和任务是建设好黄河三角洲、莱州湾等湿地自然保护区；利用生物、土壤、工程等措施治理和改造盐渍土和沙化土壤；建设鲁西北防风固沙生态功能保护区；加大农田林网和农林间作建设，营造生态防护林、名优经济林和工业原料林；发展节水农业，发挥粮、棉优势；重点发展黄河三角洲地区的石油天然气开采、石油化工等主导产业，综合发展其他产业，加快基础设施建设；加快滩涂与荒地开发，建设以粮、棉、牧、渔为特色的综合农业基地和以速生林为主的林纸一体化基地；在保护的前提下，依托黄河三角洲自然保护区，发展独具特色的湿地生态旅游业。

3. 辽西平原中度人类活动强度生态经济区

辽河平原中度人类活动强度生态经济区的发展方向定位是坚持生态环境保护与社会经济发展同步，逐步强化生态功能。优化产业与区位布局，促进冶金、石化等重型产业向滨海地区转移，加快先进装备制造业基地、高加工度原材料基地、高技术产业和农产品加工示范区建设。大力发展第三产业，构建以沈阳为中心的金融、信息、物流、会展等现代服务业基地。农业开发以建设稳产、高效的基本农田为重点，开发推广农业高新技术，发展节水农业、生态农业和现代农业。

辽西北沙地生态区发展方向定位应实施集聚发展、点状开发战略。结合风能、太阳能开发，发展新型能源产业基地，积极发展沙产业，严格限制高耗水产业发展。农业开发需在生态承载力范围内实行林、牧、农综合开发，限制不合理的耕作农业，积极推广保护性耕作。建设人工饲草料基地，逐步实施牲畜圈养。适度发展沙地、草原生态旅游业。

（二）山区生态经济类型区主体功能定位及发展方向

山区生态经济类型区包括燕山－太行山山区弱－中度人类活动强度生态经济区和长白山－千山弱度人类活动强度生态经济区。

山区生态经济类型区主题功能定位：按核心区、缓冲区和实验区分类管理。核心区，严禁任何生产建设活动；缓冲区，除必要的科学实验活动外，严禁其他任何生产建设活动；实验区，除必要的科学实验以及符合自然保护区规划的旅游、种植业和畜牧业等活动外，严禁其他生产建设活动。按核心区、缓冲区、实验区的顺序，逐步转移自然保护区的人口。绝大多数自然保护区核心区应逐步实现无人居住，缓冲区和实验区也应较大幅度地减少人口。根据自然保护区的实际情况，实行异地转移和就地转移两种转移方式，一部分人口转移到自然保护区以外，一部分人口就地转为自然保护区管护人员。在不影响自然保护区主体功能的前提下，对范围较大、目前核心区人口较多的地区，可以保持适量的人口规模和适度的农牧业活动，同时通过生活补助等途径，确保人民生活水平稳步提高。交通、通信、电网等基础设施要慎重建设，能避则避，必须穿越的，要符合自然保护区规划，并进行保护区影响专题评价。新建公路、铁路和其他基础设施不得穿越自然保护区核心区，尽量避免穿越缓冲区。

1. 燕山－太行山山区弱－中度人类活动强度生态经济区

通过对太行山区生态经济协调发展的主要障碍分析可以看出，自然灾害及生存条件恶劣是导致山区贫困的重要根源。如何依靠科学技术改善山区恶劣的生存环境，合理开发和治理山区，同时降低自然灾害对人身及经济造成的损失，是我们首先需要解决的问题。河北太行山建设要以生态经济学理论作为指导，运用气候干燥度理论配置山区植被，运用耗散结构理论改善土壤肥力，运用聚集径流理论来解决山区缺水缺土的问题，通过合理的开发和治理山区的生态环境，运用比较优势理论，以市场为中心，以技术引进为前提，依据当地的资源优势，改造传统技术和开发新技术来培育支柱产业，延长产业链条，最终实现太行山区生态－经济－社会复合系统可持续发展的科技脱贫道路。

（1）运用"生态经济学理论"，发展山区农业现代化建设。

依据生态经济理论从广度和深度上对河北太行山区技术、生态和经济三个系统进行改进，协调三者之间的相互关系，保持农业经济效益、生态效益和社会效益持续稳定增长。在人口包袱沉重、人均资源量很少、生态环境的历史和现状都相当差、科技文化水平较低的河北太行山区，建设农业现代化必须以"生态经济学理论"为指导，建立在生物技术基础上，充分利用太阳能资源、劳动力资源、农业资源，高度运用各种先进的科学技术和管理方法，使农业经济、生态处于良性循环。

（2）运用比较优势理论，发展山区支柱产业。

运用比较优势理论，发展山区支柱产业。比较优势理论，为明确太行山区的资源优势和选择山区的支柱产业提供理论基础。太行山区依托山地资源，在山区特有的气候条件下生产出来的林木特产品，是平原地区根本无法生产的，或者是在品质方面远远优于平原地区的同类产品。生产并输出自己的优势产品，以较小的区内或产业内机会成本来换取较大的区际或产业之间的机会收益，这种资源优势转化成为支撑山区经济增长的支柱产业。例如，阜平、赞皇等县的大枣，涉县、武安等地的柿子，灵寿、平山、涞源等县的核桃，曲阳、沙河等地的梨，内丘、邢台的板栗等经济林基地已形成一定规模，成为促进太行山区经济发展、摆脱贫困的支柱产业。

（3）运用农业生态工程的原理，发展"聚适农业工程技术体系"，对山区进行综合开发和规划。

我国著名生态学家马世骏指出，农业生态工程是运用生态系统中生物共生与物质循环再生原理，结合系统工程的最优化方法设计的分层多级利用物质的生产工艺系统。运用生态学的基本原理，太行山区前南峪村设计建立一些多层次的生物复合群体，使外界输入的能量和物质，经过多层次的吸收和转化，最大限度地减少无效耗损，利用时空互补的原理，增加利用空间、利用层次和利用时间，创造出了"山顶洋槐戴帽，山中干果缠腰，山底梯田抱脚的立体农业，形成冀东的围山转工程、冀西北的拦蓄隔坡梯田、冀中南生态经济沟三个模式的"聚适农业工程技术体系"。"山顶洋槐戴帽"，洋槐速生树种加入，生长速度快，枯枝落叶不多，解决了有树不蓄水的问题；"山中干果缠腰"实现经济效益和生态效益的统一；"山底梯田抱脚"恢复了草原生态植被，解决了栽树不见树的问题。这套技术体系经受住了日降水500毫米的特大洪水考验，创造了山区农业经济、社会、生态三大效益的协同发展、同步提高的典范。

2. 长白山–千山弱度人类活动强度生态经济区

发展方向定位：该区是辽宁省最重要的水源涵养区，经济发展需坚持生态优先、保护为主的原则，严格限制建设水污染重的工业项目，适度发展低污染或无污染的工业。实施绿色食品战略，建设绿色药材、水果、山野菜、食用菌、经济动物等基地，发展特色山地生态农业。适度发展生态旅游业。

（三）丘陵生态经济类型区主体功能定位及发展方向

丘陵生态经济类型区功能定位是：推进低山丘陵封山育林、小流域治理，加强自然保护区建设，维护生态系统多样性，构建以山东半岛中部生态脊为中心，向南北两翼延展的片状生态网络生态廊道。

该区的主导生态功能是水源涵养、水土保持和生物多样性维持。大面积营造水土保持林，恢复天然林，提高森林覆盖率；加快自然保护区和河流源头功能保护区建设；提高小流域综合治理效益，控制水土流失；坚决制止矿产资源的非法开采，加大对城市周围自然景观的管理和治理力度；严格限制石灰岩地区地下水的开采强度；加快治理环境污染；增强济南作为区域性中心城市的辐射能力；以三孔、泉城、泰山、蒙山、沂山、鲁山为重点，加快生态旅游资源开发，形成人与自然和谐发展的生态旅游区。

重点建设石化基地、汽车零部件和农产品加工基地，形成一批有特色和优势的新兴产业。低山丘陵地带建设特色经济林基地，推广旱作节水农业，大力发展设施蔬菜、名优水果、球根花卉、特色杂粮，建设人工饲草料基地，突出发展畜禽养殖，建设绿色肉、禽、水产品和乳制品生产与深加工基地。结合海岸资源、地质遗迹与交通优势发展旅游与物流产业，打造黄金旅游线。

（四）沿海生态经济类型区主体功能定位及发展方向

沿海生态经济类型区功能定位是：北方地区对外开放的门户，我国参与经济全球化的主体区域，有全球影响力的先进制造业基地和现代服务业基地，全国科技创新与技术研发基地，全国经济发展的重要引擎，辐射带动"三北"地区发展的龙头，我国人口集聚最多、创新能力最强、综合实力最强的三大区域之一。提升天津的国际港口城市、生态城市和北方经济中心功能，重点开发天津滨海新区，构筑高水平的产业结构，建设成为对外开放的重要门户、先进制造业和技术研发转化基地、北方国际航运中心和国际物流中心，增强辐射带动区域发展的能力；培育形成河北沿海发展带，使之成为区域新的增长点。推进曹妃甸新区、沧州渤海新区和北戴河新区建设，增强唐山、黄骅、秦皇岛的港口功能，带动临港产业和临港城区发展；发展辽宁沿海经济带，统筹发展具有国际竞争力的临港产业，强化科技创新与技术研发功能，将其建设成为东北地区对外开放的重要平台，我国沿海地区新的经济增长极，黄河中下游地区对外开放的重要门户和陆海交通走廊，全国重要的先进制造业、高新技术产业基地，全国重要的蓝色经济区；强化青岛航运中心功能，积极发展海洋经济、旅游经济、港口经济和高新技术产业，增强辐射带动能力和国际化程度，建设区域性经济中心和国际化城市；提升胶东半岛沿海发展带整体水平，加强烟台、威海等城市的产业配套能力及其功能互补，与青岛共同建设自主创新能力强的高新技术产业带；建设黄河三角洲全国重要的高效生态经济示范区，积极发展生态农业、环境友好型工业、高新技术产业和现代服务业，建设全国重要的循环经济示范区，增强东营、滨州等城市的综合实力和辐射能力，将其建设成为环渤海地区重要的增长点；发展外向型农业，发展渔业及其加工业，构建现代农业产业体系。

1. 辽宁沿海

立足辽宁，依托东北，服务全国，面向东北亚。把沿海经济带发展成为特色突出、竞争力强、国内一流的临港产业集聚带，东北亚国际航运中心和国际物流中心，将其建设成为改革创新的先行区、对外开放的先导区、投资兴业的首选区、和谐宜居的新城区，形成沿海与腹地互为支撑、协调发展的新格局。

该区具有较好的发展条件和发展潜力，是未来承载经济和人口的重点区域，应坚持开发与保护并重的原则，实施大连长兴岛、营口沿海产业基地、辽西锦州湾和丹东、庄河临港工业区"五点一线"开发战略，实行组团式、串珠状开发，防止岸线资源无序遍地开发，优化沿海经济带建设。合理开发滩涂、近海资源，适度发展海水养殖，实施渔业资源增殖计划，建成一批海珍品增殖基地。

2. 河北沿海

将河北建设为环渤海地区新兴增长区域。有序开发岸线资源，完善路网结构，建设以综合性港口群为龙头的现代综合交通运输体系，大力发展临港产业，推进滨海城镇发展，形成辐射带动能力强的滨海新城和具有国际竞争力的产业集群，建成环渤海地区经济发展的新的增长点（见图7-1）。

未来河北将建设成为京津城市功能拓展和产业转移的重要承接地。发挥临近京津的区位优势，加强与京津在产业发展、基础设施和一体化市场体系建设等方面的对接和融合，创新区域合作机制，建立健全政策体系，构筑承接平台，促进京津的产业转移，成为京津拓展发展空间的重要区域，全国重要的新型工业化基地。大力发展循环经济，积极推进工业化、信息化融合，改造提升传统产业，加快发展先进制造业，积极培育战略性新兴产业，努力实现产业结构升级和发展方式转变，将其建设成为资源节约、生产集约、环境友好的新型工业化基地（见图7-2）。

将河北建设为我国开放合作的新高地。充分发挥出海通道和开放窗口作用，搭建对外开放平台，改善对外开放政策环境，探索参与国内和国际经济技术合作的新路子，构建内外联动、互利共赢的开放型经济体系，建成内联华北与西北地区、面向东北亚的对外开放重要门户。

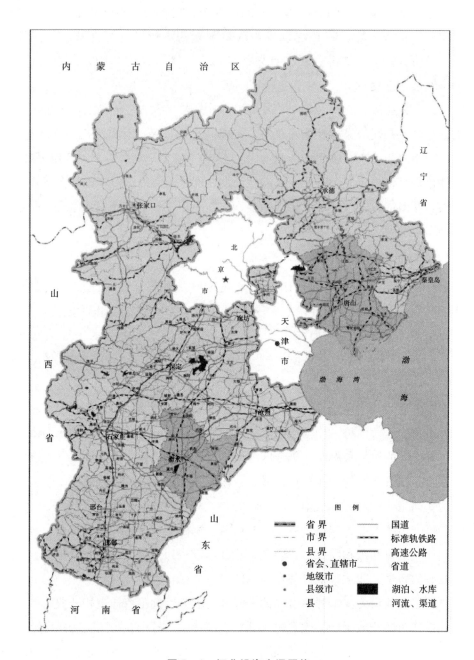

图 7-1 河北沿海交通网络

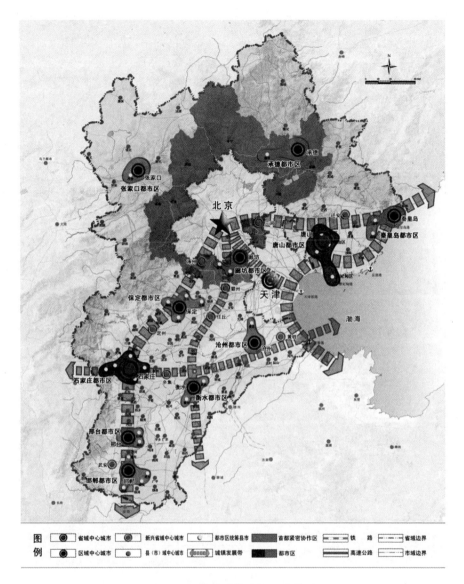

图 7 - 2 河北城镇空间开发体系

依托我国北方沿海生态良好的宜居区，河北将进一步优化美化人居环境，打造沿海生态屏障和绿色空间，建设滨海生态新城，完善城乡公共服务体系，将其建设成为我国北方地区环境优美、生态良好、功能完善、社会和谐的滨海城镇带，实现人与自然和谐发展（见图 7 - 3）。

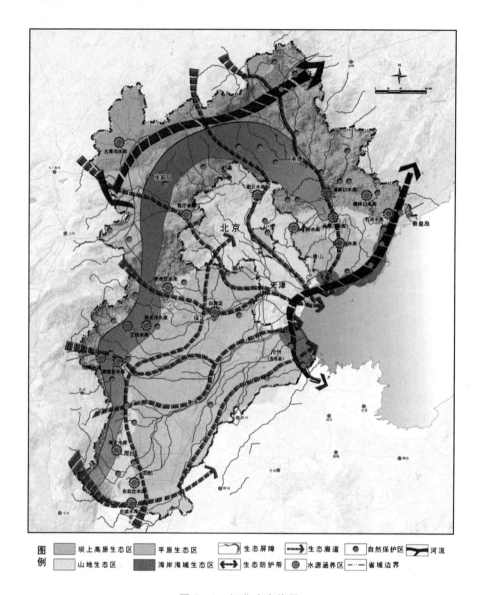

图 7 - 3 河北生态格局

3. 天津沿海

依托京津冀、服务环渤海、辐射"三北"、面向东北亚，努力建设成为我国北方对外开放的门户、高水平的现代制造业和研发转化基地、北方国际航运中心和国际物流中心，逐步成为经济繁荣、社会和谐、环境优美的宜居生态型新城区。滨海新区主要围绕建设现代制造业和研发转化基地、我国北方国际航运中心和国际物流中心，发展现代制造业和高端服务业为其主要的发展方向。

重点打造我国北方现代制造业和研发转化基地、国际航运中心和国际物流中心、区域现代服务业中心和国际休闲旅游目的地；服务和带动区域经济发展的综合配套改革试验区；建设宜居的生态城区。

充分发挥滨海新区的比较优势，扩大对外开放程度，增强技术创新和产业创新能力，建设现代制造业和研发转化基地；提高面向区域的综合服务功能，提升城市综合实力、国际竞争力和综合辐射带动能力；充分发挥港口、保税和出口加工功能，建设北方国际航运中心和国际物流中心；充分发掘以近代史迹为主，多元化的文化资源和海、河、湿地等自然资源，形成特色鲜明的国际旅游目的地与服务基地；坚持以人为本，加强生态环境建设，创造和谐、优美、安全的生态宜居城区。

4. 山东沿海

立足山东半岛在海洋产业、海洋科技、改革开放和生态环境等方面的突出优势，结合我国加快转变发展方式和优化沿海空间布局等方面的战略要求，科学确定山东半岛蓝色经济区发展定位，全面提升对我国海洋经济发展的引领示范作用。

建设具有较强国际竞争力的现代海洋产业集聚区。以高端技术、高端产品、高端产业为引领，强化港口、园区、城市和品牌的带动作用，加快发展海洋高技术产业，改造提升传统产业，培育壮大海洋优势产业集群，建设具有较强自主创新能力和国际竞争力的现代海洋产业集聚区。

建设具有世界先进水平的海洋科技教育核心区。整合海洋科教资源，着力加强海洋科技自主创新体系和重大创新平台建设，实施海洋高技术研发工程，突破一批关键、核心技术；提高教育现代化水平，加大各类人才培养力度，完善人才激励机制，聚集一批世界一流的海洋科技领军人才和高水平创新团队，构筑具有国际影响力的海洋科技教育人才高地。

建设国家海洋经济改革开放先行区。深化重点领域和关键环节的改革，完善海洋产业政策体系，推进实施海洋综合管理，着力构建海洋经济科学发展的体制机制；深化海洋经济技术国际合作，建设中日韩区域经济合作试验区，打造东北亚国际航运综合枢纽、国际物流中心、国家重要的大宗原材料交易及价格形成中心，构筑我国参与经济全球化的重要平台。

建设全国重要的海洋生态文明示范区。科学开发利用海洋资源，加大海陆污染同防同治力度，加快建设生态和安全屏障，推进海洋环境保护由污染防治型向污染防治与生态建设并重型转变；提升海洋文化品位，优化美化人居环境，增强公共服务能力，打造富裕安定、人海和谐的宜居示范区和著名的国际滨海旅游目的地。

二 不同生态经济区发展模式

山区生态经济类型区：燕山－太行山山区弱－中度人类活动强度生态经济区与长白山－千山弱度人类活动强度生态经济区。

燕山－太行山山区弱－中度人类活动强度生态经济区功能定位是：推进防护林体系建设，构建由太行山、燕山、大清河、永定河、潮白河等生态廊道组成的网状生态格局。

长白山－千山弱度人类活动强度生态经济区功能定位是：加强东部山地水源涵养区和饮用水源地保护，加快采煤沉陷区综合治理及矿山生态修复，构建由长白山余脉、辽河、鸭绿江和沿海防护林构成的生态廊道。

（一）平原都市生态经济类型区发展发展模式

1. 华北平原高度人类活动强度生态经济区

（1）推动产业优化升级，建立绿色产业模式。

坚持高端、高效、高辐射产业发展方针，通过产业发展高端化、生产过程清洁化、产品输出绿色化，培育以绿色产业为主的新经济增长点，逐步打造完善的绿色生产体系。

①依托大城市振兴发展高端产业。

第一，提升服务业发展品质。优先发展服务主导型、创新驱动型和生态友好型的服务产业。加快发展金融、信息、科技服务、文化创意、旅游、会展、物流等现代服务业；大力发展满足市民需求、吸纳就业的医疗保健、体育健身、社区服务、教育培训等生活服务业；重点培育节能环保技术服务、生态工程咨询、碳交易等低碳服务产业；积极发展总部经济，鼓励跨国公司、国内外金融机构、大企业、大集团来京设立总部、研发中心、营运中心、采购中心。

第二，推动制造业结构升级。落实北京重点制造产业调整及振兴实施方案，加快推动电子信息、汽车、装备制造、生物医药等现代制造业和现代都市工业优化升级；做大做强移动通信、数字电视、液晶显示、集成电路、新能源汽车、成套装备、轨道交通、新型疫苗等领域；依托本市优势资源，集中精力发展研发设计、品牌营销等产业高端环节。

第三，加快培育新能源和节能环保产业。以建设中关村国家自主创新示范区为契机，加大新能源和节能环保产业培育力度，把北京建成全国新能源和节能环保产业技术创新中心和高端制造基地。围绕缓解能源瓶颈制约和向低碳经济转型的需要，重点研发电动汽车、新型电池、新型太阳能光伏光热材料及元器件、新型热泵机组、污水及固体废弃物处理等技术和装备，提升新能源汽车、太阳能领域研发和高端制造优势，促进生物质能利用技术、核电高端技术、地热能和风能关键技术研发及工程服务能力，培育扶持一批产品和技术综合解决方案提供商，抢占绿色经济发展制高点。

第四，重点发展都市绿色农业。进一步优化农业产业结构，以发展安全高效生态的有机循环农业为主要方向，加强设施农业建设，积极支持籽种农业、休闲农业和科技农业等新兴业态；大力发展花卉产业、特色果品、有机蔬菜和农产品物流加工等重点领域，提升农业的科技、生态、文化附加值，打造都市型现代农业体系，实现产业优化、农民增收的战略目标。

②深化实施清洁生产。

第一，加强全过程绿色管理。鼓励企业建立健全从项目建设到产品开发设计、生产经营、销售服务的全过程绿色管理体系，开发绿色产品，实施绿色采购。鼓励企业在产品成分、结构、性能等设计上融入绿色理念，推动产品生态设计；倡导企业实施绿色供应链管理，与供应商建立长期战略合作伙伴关系，在生产原料方面实行绿色采购；鼓励企业生产能效高、易回收再利用的产品，实行简单包装，并采用符合"可循环"或"可降解"要求的绿色包装材料；深入引导企业开展具有权威性的绿色标志认证工作。

第二，广泛开展清洁生产。全面开展重点污染源企业清洁生产审核，完成重点污染源企业，以及火电、钢铁、电镀印染、医药化工、食品饮料、电子等工业行业企业清洁生产审核；适时推进服务业清洁生产审核，试点选取住宿、餐饮、医院及学校等领域开展清洁生产审核，研究制定符合服务业特点的清洁生产审核标准、程序和要求；积极探索农业、建筑等行业清洁生产推进方案；加快推动一批清洁生产项目落实，重点支持一批环境效益明显的清洁生产中高费项目。

③淘汰退出劣势产业。

第一，继续做好重点企业搬迁调整工作。制定北京市限制发展的产业与技术目录，坚决控制不符合本市发展定位的产业进入。继续做好不符合首都城市功能定位的企业搬迁调整工作，做好搬迁企业工业遗产资源改造再利用，发展高端替代产业。制定化工和建材行业结构调整实施方案。

第二，加快改造淘汰落后设备工艺。继续淘汰"高污染、高耗能、高耗水"的小化工、小电镀、小石灰、小水泥等企业和落后生产工艺；研究主要落后能耗设备的更新淘汰计划，加快低效的锅炉、风机、水泵、电机等设备淘汰工作；加快推进石油化工等行业节能改造，实施热电联产、余热余压发电、电机系统节能、工业锅炉节能、变压器改造等一批节能技术改造项目；积极淘汰传统的种养殖技术和落后的产品深加工工艺、设备。

（2）弘扬生态文明理念，创建绿色消费模式。

发挥绿色政务率先垂范作用，以培育绿色商务环境为基础，以提升全民环保意识为切入点，充分调动社会各方力量，针对产品上市、市场流通、消费行为全过程，大力推进绿色产品和服务供给，努力培育绿色生活方式和消费方式，逐步创建先进文化引领的绿色消费体系。

①打造绿色政务。

第一，完善政府绿色采购。在国家发布的节能产品和环境标志产品政府采购实施意见基础上，研究出台《北京市政府绿色采购实施细则》，优先将自主创新的节能环保产品、设备纳入政府采购范围，推动政府采购可再生、可循环利用、通过环境标准认证的产品。

第二，深入推广电子政务。充分利用高速、大容量、多媒体信息网络和现代化立体通信技术，进一步建设和完善信息共享交换平台，实现政府部门间数据共享和业务协同，以及电子公文的信息化传输（涉密文件除外）；积极推动无纸化办公，降低行政成本，提高工作效率。

第三，广泛推行绿色办公。制定政府机构节约用电、节约用水、节约用纸等方面的规范指南，将节约融入日常工作，提高办公用品利用效率，提倡使用再生纸；加强公务车日常管理，有效降低公务车油品消耗；鼓励政府机构高层建筑电梯分时段运行或隔层停开；制定发布并执行市级行政单位能耗定额标准；进一步协助中央在京机构做好节能减排工作。

②倡导绿色商务。

第一，鼓励开展绿色营销。鼓励企业在产品推广宣传、营销模式、售后服务及商品附属资源的回收循环利用等流程中融入绿色理念；提倡企业开展目录销售和电子商务，提高无纸化流通、经营、管理的比重，尽量减少物耗；鼓励发展网上交易、虚拟购物中心等新兴服务业态。

第二，搭建绿色物流体系。加快发展集约型、无污染、低能耗物流，鼓励物流企业采用现代物流技术和节能设备，建立绿色车队；鼓励物流企业共享第三方物流服务，实施一批共同配送示范项目，增加共同配送业务量的比重；以耐用消费品为重点，鼓励企事业单位开展"收旧售新"业务，加强循环利用。

第三，完善绿色市场服务。发布绿色产品引导目录，发挥标准准入与激励引导的双重作用，加强对绿色产品上市流通销售的支持力度。以零售企业为试点，逐步推动节能环保产品进商场、入超市；以大中型商场、连锁超市、大中型农副产品市场销售的重点食品为试点，构建食品安全追溯系统，实现京郊农产品配送机构经营的农产品合格率达100%；加大推进农贸市场、餐饮场所、书店、服装店等场所的限塑活动；不断深化"限制过度包装"措施，认真落实新颁布的《限制商品过度包装要求——食品和化妆品》国家标准，系统开展食品、化妆品的过度包装限制工作。

③营造绿色生活。

第一，倡导绿色生活方式。提倡节俭理性的绿色生活方式，使节能、节水、资源回收利用逐步成为市民的自觉行动，提升城市文明程度。合理引导市民选择公共交通、自行车和步行等绿色出行方式；倡导市民按照国家标准合理控制室内空调温度；鼓励市民养成随手关灯、垃圾分类、节约用水等良好的生活习惯；切实推动落实公共场所禁烟规定；加强垃圾源头分类及减量化管理，积极探索党政机关、学校、大型商场、宾馆饭店、果蔬批发市场等机构或场所的生活垃圾"零废弃"管理试点，实现垃圾产生量增长率年均下降5%。

第二，引导绿色消费行为。积极引导合理选购、适度消费、简单生活等绿色消费理念成为社会时尚。引导市民选购、使用低污染和低消耗的生态洗涤剂、环保电池、绿色食品等绿色日常用品；鼓励和引导市民选购环保建材、绿色家具、绿色照明以及能效标识2级以上或有节能产品认证标志的空调、冰箱等家用产品；引导和鼓励市民选购节水型净水器、洗衣机等节水产品；鼓励市民选购小排量、低排放汽车；探索实施"绿色电力机制"，鼓励政府机关、企事业单位、市民购买绿色电力。提倡市民拎布袋子、菜篮子，重复使用节能环保购物袋，减少购买过度包装产品；提倡和鼓励市民在酒店、饭店、大型写字楼等场所减少一次性餐具、一次性日用品等产品的使用。

（3）统筹城乡生态建设，完善绿色环境模式。

根据宜居城市建设要求，以提升自然生态承载能力，改善人民生活居住环境为核心，加大自然资源保护力度，增加植被覆盖面积，优化全市水生态系统，加大空气污染防治，初步打造山更青、水更绿、天更蓝的绿色环境体系。

①完善绿色空间。

第一，拓展城乡绿化空间。将空间集中、规模较大的城市绿地建设成为开放式休闲公园；配合老旧城区改造拓展配套绿色空间；建设郊区城乡结合部景观绿地网络，打造新城绿色缓冲带；建设沿大中河道、新建主干道路的生态景观走廊；全面推进生态涵养发展区的农村村落环境综合整治，培育休闲旅游、观光采摘等生态友好型绿色产业，促进山区沟域经济发展。

第二，加强生态修复治理。结合太行山绿化、京津风沙源治理，继续实施荒山绿化工程，加快宜林荒山、疏林地和未成林地的绿化建设；鼓励开发利用废弃、闲置土地，加快废弃矿山生态修复，努力控制水土流失；加强防风林地、农田保护林地建设，提升防护林功能；持续推进低效功能林地升级改造，着力提高森林碳汇功能。

第三，强化生物多样性保护。加强生态敏感地区生态建设，强化山区动植物资源保护力度，严格保护森林公园、风景名胜区等生态敏感区植被；强化绿化资源管理，加强生物物种检疫控制，制定外来入侵有害生物综合防控预案，防范外来生物入侵；健全森林防火体系。

②改善水域环境。

第一，加强水源地保护。以水源保护为中心，构筑"生态修复、生态治理、生态保护"三道防线。继续加大水源地生态保护力度，完成水源地保护区内垃圾集中处理和农户厕所改造，对重要地表水源区内的规模化养殖场进行调整搬迁；有序推进水源涵养林建设，加强生态清洁小流域综合治理，严格限制饮用水源保护区的开发建设和经济活动，构筑流域水资源保护体系。

第二，提升水系服务功能。加强雨洪调蓄利用、输调水等水利工程建设，完善水资源配置体系和防洪减灾体系；推进永定河绿色生态走廊建设，拓展沿河两岸城市发展空间，发展水岸经济；以北运河为重点，加强跨区域河流污染治理合作，深入开展河道水环境综合整治，结合地表水体推进潮白河、北旱河湿地建设，提高水体自净能力，稳定水体生态服务功能。

第三，美化城市水体景观。推进水体疏浚治理，提升城市地表水水质，营造洁净的城市水域环境；加强河流、湖泊水体水岸整治，营造水域绿化带，拓展水面面积，以通惠河滨水文化景观为试点，加强水岸景观建设。

③加强污染防治。

第一，加强空气污染防治。认真实施第十五阶段及其之后各阶段控制大气污染措施，逐步从治理工业废气污染为主向治理生活废气污染转变，重点加大对汽车尾气、施工扬尘、风沙源的防治力度，努力突破大气污染防治瓶颈，推进空气质量持续改善。

第二，开展噪声与辐射源防控。完成全市声环境功能区划调整工作；制定严格管理措施，加强对餐饮业、娱乐业、商业噪声污染控制。实行放射性废物排放与监测申报制度，完善放射性废物管理，重点加强工业、科研、医疗类电磁辐射源管理；建立健全核应急管理体系，完善核事故应急预案。

第三，推进室内家居环境污染治理。引导和鼓励绿色建材的使用，加强室内空气污染的源头控制；提倡建筑结构和室内供热、制冷等系统的合理适用设计，构筑良好的室内通风系统；支持活性炭吸附等室内空气改进净化技术研究，推广先进适用设备，改善提高室内空气环境品质。

2. 华北平原中度人类活动强度生态经济区

（1）加强科技创新，推进重点行业节能减排。

坚持走新型工业化道路，推进石化、冶金、机械装备等重点产业向集约化、高级化、系列化和高加工度方向发展。

钢铁行业：加快钢铁新技术、新工艺的研发，全面推广余能、余压、余热回收利用技术，实现废物资源化、无害化、最小化。围绕建设北方精品钢材基地的目标，着力打造精品板材、优质特殊钢、新型建筑钢材三个精品钢材基地。

石化行业：加快技术升级步伐，重点提高石油化工加工水平，以精细化工、绿色化工为导向，研制开发符合生态保护要求的新技术及新产品，建设各具特色的石化生产基地。

机械装备行业：采用清洁生产、绿色制造技术，提高产业经济效益和生态效益。通过引进技术、消化吸收等手段，提高产品的开发和设计能力，着力发展基础设备、成套设备和交通运输设备。

（2）大力发展生态农业。

生态型高效农业经济区建设：大力发展无公害、绿色、有机食品生产基地，确保食品安全，建设生态型高效农业经济区。

农村沼气工程建设：通过大型沼气、生态家园富民和农村户用沼气等项目建设，全面开展农村沼气工程。建设发酵池、贮气柜、输配管网及有机肥厂；每户建一个沼气池，配套建一个省柴灶、太阳能暖圈，安装一台太阳能热水器；对每户进行"一池三改"，建设一个户用沼气池，同时改造厕所、猪圈、厨房。

秸秆（种草）综合利用示范区建设：举办科技培训班，鼓励农民种植牧草，建设示范区、示范县。

无规定疫病区建设：加大畜禽疫病检疫和预防措施，配套建设市、县级化验室，加快无规定疫病区建设步伐，培育绿色畜产品生产基地。

（3）发展生态旅游业。

充分发掘自然、历史、文化和民俗方面的旅游资源，倡导将生态观念和生态文化融入旅游产品开发各个环节，用生态概念包装旅游资源，用生态文化观念塑造自然及人文景观。加强对旅游产业发展的规划与管理，坚持保护第一、开发服从保护的原则，尽可能减小甚至避免旅游开发与经营以及旅游活动对自然景观、人文景观和周围环境造成破坏，促进生态保护和旅游资源可持续利用。强化旅游景区环境管理，严格控制景区内旅游服务设施建设，避免水源污染和生态景观的破坏；实施生态旅游业环境审计，监督落实生态环境保护规划。

3. 辽西平原中度人类活动强度生态经济区

（1）辽河平原生态经济发展模式。

一是加大中部城市群环保基础设施建设和城市环境综合整治力度，严格控制大气、水等污染物排放和污染效应叠加，加快环保模范城市和生态市、生态县的创建。向滨海转移产业要实现技术提升，建立循环产业链，完善污染物集中处理设施。二是加强节约用水，适度提高沈阳、鞍山、辽阳等城市的调入水量，降低地下水开采量，逐步恢复地下水位。对原生铁、锰超标地下水以非饮用利用为主，严格处理达标后方可供饮用。三是加强本溪、抚顺、沈阳、铁岭等采煤沉陷区、尾矿库、排土场治理和生态恢复。四是加强农田、路网等防护林建设，开展柳河、绕阳河流域综合整治，减少河水含沙量，防治土壤盐渍化和沙化。五是加强南部滨海平原入海口湿地保护，严格控制对自然湿地的占用，降低油气污染。六是整治规模化畜禽养殖污染，发展生态农业，降低农用化学品施用强度，控制农业面源污染等。

（2）辽西北沙地生态经济发展模式。

一是在康平、彰武地区，进一步强化"三北"防护林建设和科尔沁沙地治理，林草结合，完善林网，就地封沙，遏制沙丘南移。二是在阜新县北部、朝阳市北部地区实行封山育林育草，大力营造灌木林和混交林，构建防风挡沙绿色屏障。三是在建平县北部实行退耕还林还草，禁止破坏草地和超载过牧，恢复天然植被，防治因风蚀产生的沙化。四是在风沙严重、环境十分恶劣的地区，实行生态移民，退耕退牧还草。

（二）山区生态经济类型区发展模式

1. 燕山－太行山山区弱－中度人类活动强度生态经济区

针对山区发展面临的经济和生态的双重压力，在尊重山区发展自然规律和市场经济规律的基础上，通过科技创新、市场培育、机制创新等举措，立足山区特色，以保护生态环境为基础、以发展经济为核心、以提高社会发展水平为支撑，从资源开发、智力开发、生态环境保护等方面，因地制宜地制定山区农业可持续发展的对策。

（1）加快调整燕山－太行山区经济结构，建立具有特色的支柱产业群。

以市场经济为杠杆，改变传统产业结构，发展山区经济是燕山－太行山区发展的关键。长期以来，山区传统的产业结构是简单的和低层次的"生产－消费"、以追求自给自足为目的的封闭或半封闭式的经济结构，资源利用粗放，产品比较单一，商品率低，生产力低下，经济效益差。要把发展商品生产与本地资源优势结合起来；要把发展生态农业与乡镇企业结合起来；要把建设基本农田、提高粮食自给率与发展多种优势商品结合起来，形成支柱产品，向集约经营、商品化大生产和大流通的现代开放型的市场经济过渡。例如，在太行山开发中实施的"632工程"，就是发展六大优势支柱产业——绿色名果产业、生态养殖产业、旱作杂粮产业、名贵药材产业、非金属矿产业、特色旅游产业；在支柱产业的带动下，建立30个星火科技示范基地——曲阳县、阜平县、行唐县、赞皇县的绿色大枣产业基地，涉县、赞皇县、临城县的绿色核桃产业基地，鹿泉市、行唐县（奶牛）、沙河市、灵寿县（肉牛）的生态养牛产业基地，平山县、临城县的绿豆产业基地；易县、武安市的柴胡产业基地和农产品市场等；扶持科技型龙头企业和企业集团，建立具有特色的支柱产业群。

（2）实施资源开发与保护生态环境相结合，大力发展循环经济。

太行山区资源开发要注重资源集约，综合发展深加工产业，延长产业链，提高资源的循环再生能力，使山区生态环境得以改善。针对山区自然灾害多发的特点，特别要搞好山区水土保持，把综合治理与经济开发结合起来。

（3）加大科技开发力度，促进产、学、研结合。

充分发挥科技的先导作用，面向市场搞创新、走向市场搞转化、适应市场搞开发；加强技术创新，发展高科技，实现产业化，把山区技术经济发展推向更高层次；大力推广先进适用的科技成果，增加环境保护和生态建设的科技含量；依靠科技创新体系，统一规划山、水、林、草、田、路，统筹安排农、林、牧、副、渔、工业、交通、商业、卫生、文教；全面加快产、学、研结合和科技经济一体化的进程。

（4）多种途径提高农民科学文化素质，实施人才培训工程。

加强农村基础教育的投资，构建农村成人教育体系。加大农村干部的培训力度，发挥其基层领导的带动作用。依托现有职业教育培训中心或成人学校，通过面授和远程教育相结合的方法，对山区农民进行技术、技能培训；依托农业高等院校和科研单位，建立"没有围墙的山区开发研究院"；以国家科技部确定的太行山星火培训学校为龙头，带动乡镇建立多种培训学校和培训点，按不同层次、不同内容的需要，努力实现人才培养和培训模式的突破。建议山区县（市）聘请农林院校或科研单位的资深专家、教授做顾问，鼓励他们以技术承包和技术入股方式，走河北富岗集团、绿岭公司等与河北农大"联姻"的治山模式之路，增强山区生态建设科技活力。

2. 长白山－千山弱度人类活动强度生态经济区

该区环境保护与治理对策：一是禁止天然林商业性采伐，禁止与限制不合理的农业活动，封山育林，培育针阔叶混交林，保护生物多样性，增强水源涵养能力；二是加强浑太源头、大伙房、观音阁、汤河等饮用水源保护区和生态功能保护区建设；三是严格限制水源涵养区、生物多样性重要区、地质灾害易发区、水土流失严重区的矿产资源开发活动，加大对露天坑、废石场、尾矿库、矸石山的生态恢复力度；四是科学放养柞蚕，采取生物与工程措施积极治理蚕场，对沙化严重的蚕场，实行退蚕还林；五是加大小城镇污水处理厂等环境基础设施建设，提高城镇污水、垃圾收集处理水平；六是开展小流域综合治理。

未来发展以生态保护为主，同时兼顾综合效益。

（1）调整林种、树种结构，建立森林综合效益产出模式。

目前，东部山区的各林种比例搭配不当，且各林种的树种比例也不尽合理。例如，水源涵养林所占比例太小，不能充分发挥森林的水源涵养功能，导致灾害频繁发生，生态环境服务功能日益下降。应当提高水源涵养林所占比例，调整树种结构，改变当前只营造日本落叶松纯林的状况，大力发展针叶阔叶混交林，形成异龄复层的理想林分结构，充分发挥森林的水源涵养功能。

在保证充足的水源涵养林基础上，大力发展板栗、柞蚕林等经济林。在条件适合的地方，发展速生丰产林，缩短轮伐期，提高单位面积的土地利用率和资金利用率，缩短投资周期，提高经济效益，反过来投到山区的生态建设上，做到经济效益与生态效益、社会效益的持续、协调发展，这样才能保证东部山区生态经济的持续发展。

（2）调整产业结构，大力发展第三产业。

根据地区产业优势，积极调整产业结构，在巩固第一、第二产业的基础上，大力发展第三产业，发展旅游业、观光休闲业等。东部山区具有良好的自然基础，拥有国家级森林公园9个，自然保护区3个，如天桥沟、元帅林、大孤山、大鹿岛、白石砬子、凤凰山等，各地都有山水妙绝之处。兴办森林旅游业是发展东部山区生态经济的一个重要方面。在兴办旅游业的同时，一定要注意对森林公园、自然保护区内生态环境的保护，维持地区的生态平衡，促进地区生态经济的持续发展。

（3）发展生态林业。

生态林业是以生态系统的理论和方法为依据的一个高效、多样性的林业生产体系，在生态林业体系中，生态、经济的原则及效益以尽可能完善的方式得到协调，东部山区发展生态林业则应以种植业、养殖业、加工业为重点进行。

发展种植业、养殖业。大力发展林下种药材、林内栽果、林下搞林蛙养殖与牛、羊、鹿及经济动物的养殖，开展山野菜采集和食用菌生产等，充分利用生物种间互利共生原理、生态位原理、食物链原理进行山区生态经济开发，并形成一定的规模，以促进东部山区生态经济的持续发展。

发展加工业，形成一定规模的外向型经济。东部山区应建立足够数量的林副产品加工企业，从初加工，逐步向精加工发展，使产品有销路、有市场、有发展潜力。例如，速冻山野菜、栗子罐头、栗子米、栗子粥等，同时注重新产品、新品种的开发，注重吸引外商投资建设，发展外向型经济。充分利用东部山区丰富的森林资源，使资源优势能够充分转变为经济效益，回补给环境建设，以建设良好的森林生态环境，保证东部山区生态经济能够持续、稳定、协调发展。

（4）加工科技含量，建立科技型生态经济持续发展模式。

加强对生态经济可持续发展的研究，加大科技投入，提高山区人民的思想、文化水平，增加生态经济可持续发展的科技含量，使东部山区的生态经济持续发展建立在高科技基础之上，充分发挥山区的资源优势，为辽宁东部山区的经济腾飞做出贡献。

（三）丘陵生态经济类型区发展模式

通过对比丘陵地区与全省和全国的产业结构可以发现，丘陵地区第三产业与全省、全国差距最小，软肋在工业。农业所占比重虽然很大，但农业发展是效益最低的，长远来看是处于比重下降的趋势中，因此丘陵地区的发展关键在于工业。工业的发展不仅使经济总量增加，财政收入增加，而且是第三产业发展的支撑。丘陵地区总体发展战略思路如下。

依托丰富的农业资源和劳动力资源，建立起市场指导下的工农联动模式，大力发展丘陵地区生态工业、循环经济，坚持退耕还林，大力发展特色农业、生态农业、观光农业，促进第三产业和城镇发展。

1. 因地制宜，发展特色生态农业

按区域经济类型和地域特征进行生态经济的类型划分，结合当地的资源，充分发挥当地的资源优势，在分析论证国内外市场的前提下，加强农业产业链的延伸力度，对农副产品进行深加工，提高农产品的附加值，以龙头企业的建设发展带动广大农户的致富。加快丘陵区工业发展的速度，提高其整体水平，提高工业的整体水平，加速全省工业的发展。工农联动是丘陵地区实现跨越式发展的根本和重点，但农业自身的发展也很关键，是对产业发展的补充和完善。由于丘陵地区垦殖率高，人口密度大，水土流失严重，传统的农业发展方式已经很不合时宜，生态农业的发展是丘陵地区的必然选择。以市场为导向，以区域特色资源为基础，以现代实用高新科学技术为支撑，以区域生态环境承载力为前提，发展特色化、绿色化生态农业及其产业化是丘陵地区农业发展的方向（李荣生，2007）。

丘陵地区特色化、绿色化生态农业产业化发展总体模式如图7-4所示。

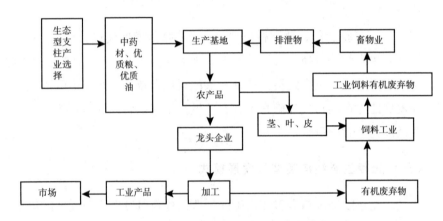

图7-4 特色生态农业产业化发展模式

2. 坚持"点、线、面"和"以点带线、以线促面"的工作思路

立足区域资源禀赋优势，狠抓龙头企业，培育和创造企业竞争优势点；壮大主导产业线；激活区域经济面。其中，丘陵地区工业化发展战略的总体思路如下。把富民强区作为加快丘陵地区工业化发展的根本目标，以市场为导向，从主要依靠国家推动转变为主要依靠市场机制推动，从资源导向型战略逐步转变为市场导向型战略，从注重地区比较优势转变为培育企业竞争优势。充分利用自然资源，积极发展支柱产业，大力发展民营企业，多种途径转移农村剩余劳动力，加快小城镇建设步伐，扩大对内对外开放，促进工业化跨越式发展。

3. 坚持"以工强县"，振兴县域工业经济

实践证明，工业是丘陵区县域经济发展的最强推动力，也是解决"三

农"问题的根本途径。在发展经济的过程中,按照新型工业化要求,坚定不移地推进工业强县战略,以工业化为核心,把加快工业发展作为改变农业大、经济弱、财政穷的主要手段,以各县城为中心,以民营经济为主体,以农副产品加工业为重点,着力构建农产品加工和劳动密集型产业,延长产业链,形成具有县域特色和适应现代经济发展的工业结构。

4. 促进集群经济

针对丘陵地区人多地少的现实困境,在发展工业经济的过程中,尽量依托骨干优势企业发展园区经济,推动企业向园区集中,提高产业集中度,发挥规模优势和聚集效应,加大资本运营和资产经营力度,拓展优势产业链。

5. 选准和培育好主导产业

实践证明,没有主导产业,就没有区域经济的振兴。在主导产业的选择上,必须把握三大基本原则。一是立足经济全球化这个大背景,以国内外市场为导向,选择需求收入弹性大、生产率上升快、关联效应大的产业作为主导产业,这样的产业既有广阔的市场前景、较快的成长性,又对国民经济其他产业有较强的带动作用。二是瞄准科技发展方向,充分利用最新科技成果,选择那些科技含量高、技术进步快的产业作为主导产业,这样的产业由于技术含量高或技术进步快能始终保持较高的成长性和较强的竞争力。三是立足区域资源优势,选择具有区域资源优势的"特、优、新"产业作为主导产业,促进区域优势资源的最大化利用,保持主导产业持续的竞争优势。

(四) 沿海生态经济类型区发展模式

构建现代海洋产业体系,打造和建设北方沿海蓝色经济区。以培育战略性新兴产业为方向,以发展海洋优势产业集群为重点,强化园区、基地和企业的载体作用,加快发展海洋第一产业,优化发展海洋第二产业,大力发展海洋第三产业,促进三次产业在更高水平上协同发展。

1. 加快发展海洋第一产业

加强科技创新,健全服务体系,大力实施现代海洋渔业重点工程,提高综合效益,进一步巩固海洋第一产业的基础地位。

（1）现代水产养殖业。调整渔业养殖结构，着力培育特色品种，加快完善水产原良种体系和疫病防控体系，建设全国重要的海水养殖优良种质研发中心、海洋生物种质资源库和海产品质量检测中心，打造一批良种基地、标准化健康养殖园区和出口海产品安全示范区。

（2）渔业增殖业。依法加强渔业资源管理，科学保护和合理利用近海渔业资源，加大渔业资源修复力度，推行立体增殖模式。逐步改善渔业资源种群结构和质量，建设人工渔礁带和渔业种质资源保护区。

（3）现代远洋渔业。实施海外渔业工程，争取公海渔业捕捞配额，适当增加现代化专业远洋渔船建造规模，重点培育荣成、寿光、蓬莱、黄岛等远洋渔业基地。推进远洋渔业产品精深加工和市场销售体系建设，把烟台金枪鱼交易中心打造成国际性金枪鱼产品集散地。巩固提高远洋性渔业，加快发展大洋性渔业，建设一批海外综合性远洋渔业基地，提高参与国际渔业资源分配能力。

（4）滨海特色农业。在滨海地区因地制宜发展设施蔬菜、优质果品、特色作物等高效农业。推进无公害农产品、绿色食品、有机食品认证，培育名牌产品，建设沿海农业休闲观光走廊。

2. 优化滨海第二产业

以结构调整为主线，以海洋生物、装备制造、能源矿产、工程建筑、现代海洋化工、海洋水产品精深加工等产业为重点，坚持自主化、规模化、品牌化、高端化的发展方向，着力打造带动能力强的海洋优势产业集群，进一步强化海洋第二产业的支柱作用。

（1）海洋生物产业。加强海洋生物技术研发与成果转化，重点发展海洋药物、海洋功能性食品和化妆品、海洋生物新材料、海水养殖优质种苗等系列产品，培育一批具有国际竞争力的大企业集团，把大连、青岛打造成国际一流的海洋生物研发和产业中心。

（2）海洋装备制造业。重点发展造修船、游艇和邮轮制造、海洋油气开发装备、临港机械装备、海水淡化装备、海洋电力装备、海洋仪器装备、核电设备、环保设备与材料制造等产业，建设国家海洋设备检测中心，打造专业性现代海洋装备及配套制造业基地，把青岛、天津、唐山、大连打造成具有国际竞争力的综合性海洋装备制造业基地。

（3）海洋能源矿产业。加强潮汐能、波浪能、海流能等海洋能发电技术的研究，建设海洋能源利用示范项目。以青岛为中心，加快低成本藻类炼油等关键技术的研发，适时建设海洋藻类生物能源和非粮燃料乙醇项目。加强对海洋石油和天然气、海底煤矿和金矿等资源的勘探和开发，建立重要的海洋资源数据库。实施黄渤海油气、龙口煤田、莱州金矿、莱州湾卤水等开发工程，加强与中央企业的战略合作，规划建设国家重要的海洋油气、矿产开发和加工基地。

（4）海洋工程建筑业。加强关键技术研发和应用，推进实施海上石油钻井平台、港口深水航道、防波堤、跨海桥隧、海底线路管道和设备安装等重大海洋工程；加快企业兼并重组和资源整合，打造综合性设计集团和大型专业化施工集团，培育一批具有国际竞争力的龙头企业，建设北方沿海全国重要的海洋工程建筑业基地。

（5）现代海洋化工产业。以大型企业集团为龙头，加快兼并重组，引导海洋化工集聚发展。优化盐化工组织结构和产业结构，积极推进地方盐化工骨干企业与中盐总公司等央企合作，推进盐化工一体化示范工程，形成以高端产品为主的产业新优势，建成海洋化学品和盐化工产业基地。积极发展海水化学新材料产业，重点开发生产海洋无机功能材料、海水淡化新材料、海洋高分子材料等新产品，加快建设青岛、威海、天津、唐山、大连等海洋新材料产业基地。

（6）海洋水产品精深加工业。积极开发鲜活、冷鲜等水产食品和海洋保健食品，提升海产品精深加工水平，支持龙头企业做大做强，在烟台、威海、青岛、日照、潍坊、大连、葫芦岛等地建设一批水产品精深加工基地，加快建设荣成、城阳、芝罘等一批冷链物流基地，提高出口产品附加值，使其成为重要的水产品价格形成中心、水产品物流中心和水产品加工基地。

3. 大力发展滨海第三产业

加快发展生产性和生活性服务业，推进服务业综合改革，构建充满活力、特色突出、优势互补的服务业发展格局，提升海洋第三产业的引领和服务作用。

（1）海洋运输物流业。做大做强海运龙头企业，积极发展沿海和远洋运输，推进水陆联运、河海联运，扶持壮大港口物流业，加快构建现代化的海洋运输体系。大力推行港运联营，把港口与沿海运输和疏港运输结合起来；有效整合港口物流资源，大力培育大型现代物流企业集团，加快发展第三方物流；发挥好保税港区、出口加工区和开放口岸的作用，规划建设一批现代物流园区和大宗商品集散地，重点建设青岛、日照、烟台、威海、天津、唐山、秦皇岛、大连临港物流中心，积极推进东营、潍坊、滨州、莱州等临港物流园区建设，打造以青岛、大连为龙头的东北亚国际物流中心。

（2）海洋文化旅游业。突出海洋特色，推动文化、体育与旅游融合发展，建设全国重要的海洋文化和体育产业基地，打造国际知名的滨海旅游目的地。

文化产业。大力发展海洋文化创意、动漫游戏、数字出版等新兴文化产业，全力打造一批海洋文艺精品，建设一批有影响力和带动力的海洋文化产业园。

体育产业。发挥青岛、日照、烟台、威海、潍坊、天津、大连等海上运动设施比较完备的优势，加快建设综合性海洋体育中心和海上运动产业基地。

旅游产业。大力开发特色旅游产品，提高旅游产品质量和国际化水平，完善旅游休闲配套设施，建设长岛休闲度假岛和荣成好运角旅游度假区，把青岛、烟台、威海、天津、唐山、秦皇岛、葫芦岛、大连等打造成国内外知名的滨海休闲度假目的地；开展滨海旅游小城市、旅游小镇标准化建设；深刻挖掘海洋人文资源内涵，加快建设一批特色海洋文化旅游景区；加快发展工业旅游，重点打造青岛国际啤酒城、青岛国际电子信息城、烟台国际葡萄酒城、东营石油城等产业旅游目的地；高水平设计海洋旅游精品线路，建设各具特色、互为补充的滨海旅游带，做大做强北方沿海蓝色旅游品牌。

（3）涉海金融服务业。加强与国内外金融机构的业务协作和股权合作，加快引进金融机构法人总部、地区总部和结算中心；按市场化原则整合金融资源，探索组建服务海洋经济发展的大型金融集团；深化农村信用社改革，积极发展村镇银行、贷款公司等多种形式的农村新型金融组织；加快发展金融租赁公司等非银行金融机构和证券公司。规范发展各类保险企业，开发服务海洋经济发展的保险产品；进一步加强和完善保险服务，建立承保和理赔的便利通道；大力发展科技保险，促进海洋科技成果转化。

（4）涉海商务服务业。适应海洋经济发展要求，大力发展软件信息、创意设计、中介服务等新型服务业态，改造提升商贸流通业。

软件和信息服务业。依托青岛、烟台、潍坊、威海、天津、大连等软件园，大力发展软件外包，建设具有较强国际影响力的软件出口加工基地。加快推进电子政务建设，规范发展电子商务，积极发展数据处理等新型信息服务业。实施标准化战略，加强标准化信息服务平台建设。

创意设计产业。鼓励发展涉海创意产业，重点培育一批创意设计企业，建设创意设计产业集聚区。鼓励大专院校设置工业设计专业，加强人才培养和培训，培育壮大一批专业工业设计公司。

中介服务和会展业。加快培育涉海业务中介组织，大力发展海事代理、海洋环保、海洋科技成果交易等新兴商务服务业；培育一批知名会展企业集团，把青岛、烟台、天津、大连等地发展成为具有较强影响力的特色会展城市。

新型商贸流通业。积极运用信息技术改造提升传统商贸流通业，大力发展海洋产品连锁经营、特许经营等新型流通方式及相配套的高效物流配送体系。

4. 推动海洋产业集聚和区域联动发展

（1）提升园区载体功能。提高园区管理和建设水平，重点鼓励产业基础好、发展优势突出的园区拓展发展空间，强化创新功能，提高产业承载和集聚能力，形成经济（技术）开发区、高新技术产业开发区、海关特殊监管区域各有侧重和相互配套的发展格局。支持规划区内各类产业园区深入挖潜，优化调整结构，推行园中园和一区多园模式，建设特色海洋经济园，园内企业符合规定的，可以享受国家高新技术企业所得税优惠政策。支持青岛、天津、大连经济技术开发区等国家级园区扩区，支持条件成熟的省级园区上升为国家级园区，在港口等交通便利地区和集中集约用海片区，规划建设一批特色海洋产业基地。

（2）打造海洋产业区域联动发展平台。根据各生态经济区在发展阶段、产业结构上的差异性构成联动，以海洋产业链为纽带，以海洋产业配套协作、产业链延伸、产业转移为重点，优化海陆资源配置，在联动区建设一批海洋产业联动发展示范基地；加强联动区与主体区对接，搞好海洋资源开发、科技研发、重大项目建设。

三 北方沿海地区生态经济体系构建

围绕北方沿海地区生态经济区划，根据各区域经济社会发展现状和区域生态特点，着重建设以循环经济理念为指导的生态经济体系、可持续利用的资源保障体系、山川秀美的生态环境体系、与自然和谐的人居环境体系、支撑可持续发展的安全体系、体现现代文明的生态文化体系六大体系。

（一）建设以循环经济理念为指导的生态经济体系

1. 循环经济型工业

按照循环经济理念和生态工业模式，用信息化带动工业化，走科技含量高、经济效益好、资源消耗低、环境污染少、人力资源优势得到充分发挥的新型工业化道路，建设山东省循环经济型工业体系。

（1）加快工业结构调整。

坚持用市场经济的手段优化资源配置，从观念更新、机制转换、结构调整入手，加快发展低消耗、低能耗、低污染、高效益的企业和产业，淘汰和限制高能耗、高投入、低产出、重污染的企业和产业。以节能降耗、减少污染物排放为重点，淘汰严重污染、浪费资源、不能稳定达标的企业；加快发展新材料、电子信息、生物技术及制药等高新技术产业，用高新技术和清洁生产技术加快轻工、纺织、化工、机械、建材、冶金六大产业的改造提升，发展汽车制造、船舶制造等行业，推进产业结构的优化升级；重点解决造纸、酿造、电力、建材等行业的结构性污染问题；优化调整工业布局，实现资源、能源、信息的集成与共享；搞好上下游产品的配套，不断延伸优化产品、产业链；提高区域经济运行质量，促进资源开发型城市的生态恢复和老工业区的改造；消减污染物源，降低污染负荷，提高资源利用效率，降低生产成本，提高传统产业的国际竞争力。以基地建设为契机，以铁路、高速公路、海运网络为基础，以现有的优势产业和优势资源为主干，规划建设一批特色工业园、科技开发园、现代物流集散中心等功能园区，形成特色生态经济区。

（2）开展资源综合利用。

以提高资源综合利用率和经济效益为中心，以共伴生矿和工业"三废"综合利用为重点领域，以资源综合利用技术为支撑，全面提升资源综合利用产业。加强矿产资源的合理开发和综合利用，提高资源回收率，发展资源精深加工技术和工业固体废物、废水综合利用技术。

以废旧物资的回收和集中加工处理为主体，建立服务功能齐全的回收网络，为工业生产提供再生资源。建立废旧物资回收利用系统、生活垃圾无害化系统、资源化处理系统，加强废电池、废家电、废微机等电子产品的回收和无害化处理。

（3）发展壮大环保产业。

按照立足北方沿海、面向全国、走向世界的发展思路，加快发展环保产业。一是研究开发一批具有国际先进水平且拥有自主知识产权的环保技术和产品；推广应用一批先进、成熟的技术和产品；巩固和提高一批具有一定优势、国内市场需求量大的环保技术和产品。二是培育一批具有国际竞争力的环保骨干企业和大型环保产业集团，增强环保企业的整体竞争力。三是建设环保产业园。通过园区的建设，整合现有环保产业资源，引导中小型环保企业适应现代社会化大生产的要求，进行资产重组，向规模化、集约化方向发展，逐步实现跨地区、跨行业、跨所有制、跨国的联合，发挥优势互补，扩大产业规模，提高经济效益，提高产业技术水平，增强市场竞争能力。四是引导环保服务业的发展，加快推行环保设施运营的市场化、社会化、企业化和专业化。

（4）发展循环型企业、工业园区。

以煤炭、建材、电力、轻工、化工、冶金六个行业的资源依赖型企业和现代制造企业为重点，合理设计产品链，推行生态设计和产品生命周期评价，推行清洁生产审核和 ISO14001 环境管理体系认证，采用清洁工艺和技术，降低产品能耗、物耗和水耗，实现园区内部资源综合循环利用，创建一批废水、固体废物"零排放"企业。通过能源、水的梯级利用和废物的循环利用，形成工业生态链网。

以循环经济理念为指导，根据不同产业结构和地区特点，依据工业生态学原理规划设计新建工业园区，调整改造已建工业园区。合理规划和改造园区内资源流、能源流、信息流和基础设施，研究和建立入园企业的链接关系，通过废物交换、循环利用、清洁生产等手段，形成企业共生和代谢的生态网络，建立生态工业园区和循环经济型工业园区，并逐步建设循环经济型社会。

2. 生态型农林牧渔业

（1）生态农业。

通过治理和改造，解决全省耕地退化、沙化、盐渍化、水土流失、面源污染等问题，建设以生态农业、观光农业、节水农业为主体的农业生态系统，确保农业资源得到高效利用与有效保护。全面推进生态农业建设，加强农业生态环境保护，实现农业良性循环和资源高效利用。大力推进农业标准化和安全食品生产，科学合理使用农药和化肥，积极倡导使用生物农药和有机肥料，建立健全农产品标准质量检测认证体系，实行农产品市场准入制度。在发展无公害和绿色食品的基础上，大力发展有机食品生产基地。利用高新技术，进一步搞好农产品的精深加工，大幅度提高其附加值。实施农业生态循环示范项目，建成一批生态农业市。重点推广以沼气为纽带，"牧－沼－果"结合，物质多层次循环利用的"丘陵山地综合开发""庭院生态经济综合利用""秸秆、农膜等农业废物综合处理及资源化利用"等生态农业开发模式。大力发展农林复合型生态农业模式。

（2）生态林业。

推进林业产业化经营，走优质、高产、高效生态林业经营之路。大力发展速生丰产用材林、名优经济林、木本药材、花卉业、森林旅游业等重点林业产业区和产业带，培植发展木材加工业、经济林产品贮藏与加工业，逐步形成以骨干企业为龙头，以林产品基地为依托，资源培育、加工利用和市场开拓相衔接的生态林业经济体系，拓展新的林业经济增长点，发展林业"绿色银行"。

（3）生态畜牧业。

根据生态环境系统的承载能力，发展食草型、节粮型畜牧业，适度发展规模饲养，充分利用丰富的农作物秸秆资源，实现种养业良性循环。积极发展牧草和饲料作物种植，建设黄河三角洲优质畜产品和牧草生产出口基地，实现草畜同步发展。加快畜禽粪便无害化处理，采取有力措施，治理畜禽养殖造成的环境污染。加强疫病防治体系建设，完善动物疫情诊断监测系统。加大品种改良推广的力度，积极实施产业化经营，完善生产加工销售体系，全面提高产品质量和畜牧业总体素质，提高畜禽产品的国际竞争力。

（4）生态渔业。

采用工程和生物技术，有计划地培育和保护近海渔业资源，推广生态养殖模式，减轻海水养殖污染。重点加强对海水养殖的布局调整，养殖密度的控制，饲料类型的选择，饵料投放比例与管理。大中型水库养殖要遵循生态规律，以生态养殖为主，实现精养高产，重点发展名优珍稀品种养殖。加强水产养殖病害防治体系建设，重点强化对主要病害的监测预报和防治技术的研究应用。依法加强海洋国土渔业资源和水域的综合管理，实现渔业经济的可持续发展。

3. 生态友好型服务业

（1）现代物流、商贸和餐饮业。

优化物流结构。依托大城市的地理优势，促进大型物流企业和行业的发展，重视发展中小城市的物流产业，依托小城镇建设，完善省内物流网络，加强对省际、国外的服务与辐射。用循环经济理念指导现代商贸、餐饮、娱乐业的发展，推进餐饮、娱乐业废物资源化利用，发展大型回收业、租赁业，控制过度包装。实现资源、能源节约，促进废物资源化。

（2）生产生活服务业。

通过发展生产生活服务业，促进相关行业内部、行业间直至第一、第二、第三产业间循环经济模式的建立与发展。探索建立生产者责任延伸制度，从产品设计、生产、消费至最终的无害化、资源化处理全过程控制资源的消耗和污染物的排放，并将其融入现代服务业体系，建设具有市场竞争力的生产生活服务体系。

（3）生态旅游业。

根据旅游区的生态环境容量，坚持旅游开发、生态环境保护和建设同步规划、同步实施，着力建设和提升各大旅游区的生态品位。建立生态旅游管理机制与经营理念，把生态保护、生态文化、生态教育等融入旅游的各个环节，全力提升旅游业对生态意识培养的作用。开展生态旅游示范区的创建活动，在各旅游区推行 ISO14001 环境管理体系认证、清洁生产审核、生命周期评价和绿色开发与消费等活动，完善景观与生态保护宣传、环境保护标识、废物分类收集等设施。

（二）建设可持续利用的资源保障体系

1. 水资源

解决水资源短缺是建设生态省的首要任务。坚持开源节流与保护并重的方针，以南水北调东线一期、胶东调水等"T"形调水大动脉为依托，加快构筑覆盖北方沿海地区、布局合理的现代化水网体系。切实保护水资源，按照优先利用地表水，合理开采地下水，科学引用客水，鼓励使用中水、海水、劣质水的原则，优先保障城乡居民生活用水并提高供水水质，合理安排工业、农业、生态等用水需求，科学确定各类用水规模和时序，进行水资源的优化配置，提高水资源利用效率。加快低成本海水淡化工程，海岛、胶东半岛、鲁西北、辽东半岛近海缺水区，积极采取海水淡化及电厂海水冷却等措施。在缺水地区建设雨水收集系统，积极利用洪水资源回灌补源，缩小地下水漏斗区面积，以水资源可持续利用支持经济社会可持续发展。

实行总量控制与定额管理相结合的水资源管理制度。积极推行节水型农业，逐步实现农业用水零增长或负增长。加强计划用水和定额用水，把万元产值耗水量纳入工业经济考核指标体系，加大工业节水技术改造，培育节水型企业和工业废水"零排放"企业。搞好城市节水工作，积极推广节水型用水器具。建立分质供水体系，鼓励生产单位使用地表水和回用水，战略储备地下水，在严重漏斗区和海水入侵区划定地下水禁采区和限采区，严格控制开采地下水，促进污水资源化，全面建设节水型社会。

2. 海洋资源

制定合理利用和保护海洋的发展规划，充分发挥海洋资源优势，扶持海洋生物化工、海洋药物、海洋功能食品、海水综合利用、海洋新能源开发等新兴海洋产业，积极发展海洋旅游业。

强化海域使用管理，全面推行海域有偿使用制度。严格执行海洋功能区划，建立海洋生物特别保护区，保护海洋渔业资源。控制近海捕捞强度，严格新造近海拖网渔船和定置网作业管理；大力拓展远洋渔业，积极参与国际渔业合作，巩固和发展远洋渔业基地。加强协调和管理，合理开发深水岸线，优化港口布局，加快建设现代化港口群，大力发展海洋运输和临港工业。

3. 矿产资源

严格实施《山东省矿产资源总体规划》，建立山东省范围内的矿产资源的优化配置和科学开发利用模式，合理利用和保护矿产资源。控制资源开发总量，大幅度压减破坏生态环境、浪费资源的矿山数量。建立和完善综合开发利用机制，提高矿产资源集约化利用水平，逐步使煤矸石和尾矿等得到综合利用。研究开发新的资源利用技术，提高不可再生资源的利用效率。

4. 生物资源

山东的生物资源具有种类丰富、蕴藏数量大、种类少的特点。除了海洋生物、牧草、中草药、农业种质等可以直接利用的资源外，其他生物资源的作用主要是生态服务。因而，必须改变传统生物资源开发利用方式，以生物多样性保护为重点，开展人工种植、养殖和繁育，变野生为家养家种，运用现代生物技术开发利用遗传资源。保护当地种质，特别是农牧业种质资源。加强依赖自然资源的商业行为控制和管理，禁止猎捕所有受威胁的物种。

5. 土地资源

严格实施各地土地利用总体规划，采取有力措施，控制建设用地总量，严格限制农用地转为建设用地，对耕地实行特殊保护。加强土地整理、复垦，适度开发土地后备资源，实现山东省耕地总量动态平衡，保障经济社会可持续发展。大力推进土地使用制度改革，加快土地市场体系建设，依法规范土地市场秩序，提高土地配置的市场化水平。

6. 清洁能源

坚持节约与开发并重的方针，调整能源供应方式，建立全省范围内的能源供应网络，实现能源利用的最大化。改善能源多渠道供应网络，建设核能发电厂、煤制气发电项目，增加天然气供应量。大力开发利用清洁煤、太阳能、风能、潮汐能、生物能、地热能等新型能源，增加可再生能源的供应。推行节能新技术，减少各种消费过程中的能源浪费，提高能源的利用效率。

（三）建设山川秀美的生态环境体系

1. 森林生态系统

坚持三大效益兼顾、生态效益优先原则，大力保护、培育和发展森林生态体系。通过封山育林、退耕还林、平原绿化、绿色通道、城乡绿化一体化等重点林业工程，全面绿化山东。在鲁中南山区、胶东丘陵地区、辽西沙地和华北地区恢复和建设以乡土树种为主、种类多样、结构复杂、功能强大的天然和半天然森林植被，提高生态林的比例，发挥生态林水源涵养、水土保持和改善局部气候的功能。在平原地区和交通沿线发展速生经济林和景观林带的同时，运用生态造林方法，建设和营造物种多样、结构多样、类型多样、功能多样的生态林。加快沿路、沿河、沿湖、沿海、城区道路两侧绿化带和生态廊道建设，在城市周围、城市功能分区的交界处形成较大规模的绿化带，逐步形成平原绿化、山区绿化、城镇绿化、绿色通道相结合，乔、灌、草合理配置的生态林业格局。

2. 湿地生态系统

加快建立自然湿地的普查与信息管理系统，开展湿地生态系统的恢复与重建工作，加强污染综合治理，增加生态用水，逐渐恢复湿地四季有水、河水清洁、生物多样的自然特征。在适宜地区建立规模人工湿地，扩大和提高湿地的生态支撑能力。

3. 矿区地质生态环境

严格矿山生态环境监督管理，整顿矿产资源勘查开采秩序。严禁在生态功能保护区、自然保护区、风景名胜区、森林公园、地质公园内采矿。严禁在崩塌滑坡危险区、泥石流易发区、公路铁路沿线及海岸线可视范围、城区规划区、地质地貌景观保护区以及易导致自然景观破坏的区域采石、采砂、取土。在沿河、沿湖、沿库、沿海地区开采矿产资源，必须落实生态环境保护措施，尽量避免和减少对生态环境的破坏。对已经破坏的矿区要采取各种恢复和治理措施，最大限度地维持良好的矿区自然景观。

4. 物种和基因多样性

坚持以野生动植物栖息地保护为主，以工程保护为重点，优先建立一批重点自然保护区、种质资源库，为野生动植物的栖息和分布提供更大的生存空间。在无条件建立自然保护区的野生动植物集中分布区，建立一批野生动物种源基地和野生植物培植基地，积极采用现代生物技术促进濒危物种的繁育，保护濒临灭绝的物种，维持物种和基因多样性。开展生物多样性保护的基础科学研究，制定生物多样性保护地方性法规和政府规章。

（四）建设与自然和谐的人居环境体系

坚持"人与自然和谐相处"的原则，优化城镇布局，大力发展大城市和特大城市，积极合理地发展中小城市，择优培育重点中心镇，逐步在全省形成大中小配套、布局合理、各具特色、优势互补的生态城市、环境优美城镇和生态社区，为所有居民提供便利、舒适、优美和有益于健康的生活与居住环境。

1. 生态市建设

根据不同的生态特点，促使北方沿海地区有条件的城市加快建设各具特色的生态市。建设滨海型生态市、国家环境保护模范城市，加快生态市建设步伐；各城市都要因地制宜，加快生态示范区和环保模范城市建设，为建成凸显自然风貌和人文特色的生态市奠定坚实的基础。

2. 环境优美乡镇

坚持统筹城乡发展，科学整合城镇布局，实行规划统筹、基础设施共享，完善北方沿海小城镇基础设施，改善城镇和乡村生态环境。积极开展创建国家级和省级环境优美乡镇活动。各市应根据环境优美乡镇标准，按照生态省建设规划指标的要求，因地制宜地制定并实施环境优美乡镇建设规划，不断提高城镇和乡村人居生态环境质量。

3. 建设生态社区

通过制定和完善生态社区建设规划和标准，加快生态社区建设进程，加强社区服务中心、健身、环保等基础设施建设，大力发展社区服务业，做好社区绿化、美化、清化、静化工作。研究制定生态住宅小区规划设计技术要求和建设标准，新建住宅小区逐步建立中水回用、垃圾分类处理、太阳能利用与节能、立体绿化、安全防卫和智能化信息服务管理系统，创造亲近自然、舒适安宁的生态型居住环境；适应性改造旧住宅小区，使之逐步达到生态型住宅小区标准。

4. 城市环境综合整治

重点抓好北方沿海地区城市垃圾处理设施建设、城市污水处理设施及管网配套建设工作，建设城市污水处理厂的中水回用工程和污泥综合利用示范工程，推广小区中水回用先进技术。20 万人口以上城市要加快建立水源地水质旬报制度。加快整治城市内河、内湖以及餐饮业油烟污染。推广使用液化石油气、煤气，积极推进餐饮业煤改气进程。控制建筑施工扬尘、粉尘污染。实行噪声分类管理，消除噪声污染。改善城市绿化的结构，发展节水型绿化。恢复城市周边地质地貌景观，对城市近郊裸露山体和开山采石场开展生态恢复工程。建立覆盖整个城市的绿色公共交通快速网络。整治城市环境脏、乱、差，创建人居环境范例城市。

5. 培育区域循环型社会

选取试点，按照"减量化、资源化、无害化"原则，以循环经济和生态工业、生态设计与建筑、生命周期评价等为指导，对公众进行广泛的宣传教育，全面提升公众的环境意识，建立健全政策法规，提高再生资源利用率，实现区域内、外物流的循环，培育循环型社会。

（五）建设支撑可持续发展的安全体系

1. 污染防治

加强水污染综合治理。实行最严格的排污总量控制制度，积极实施小流域污染综合治理。完成南水北调东线山东段、省辖淮河、海河流域、碧海行动计划以及小清河流域水污染防治目标。重点抓好造纸、酿造、印染、制革、化工、医药、电镀等重污染行业的污染控制，制定严格标准，引导企业加大结构性污染治理力度；建立重点污染源在线监控网络，加快城市污水处理厂和配套管网系统建设进度，加大运行监控力度。加大海上污染控制力度，严禁海上倾废。

继续治理大气污染。严格控制各类大气污染物排放，继续实施二氧化硫排放总量控制。新、扩建电厂和热电厂必须同时配套脱硫设施，现有电厂、热电厂按计划逐步实施脱硫。在水泥等建材行业，推广清洁生产工艺，有效控制粉尘污染。重点防治化工、医药、冶金等行业有毒有害工艺废气污染。推行热电联产和区域连片集中供热，发展节能建筑。加强城市交通运输和工程施工过程的扬尘管理。严格执行机动车辆销售环保准入制度，在城区内积极规划建设天然气加气站，发展以天然气等清洁能源为动力的机动车。强制淘汰超标排放车辆，减轻机动车尾气污染。控制餐饮业油烟污染。

加强固体废物控制与管理。建设山东省固体废物管理网络，完善回收利用和交换系统，加快资源化、减量化、无害化步伐。严格执行危险废物转移联单管理和经营许可证制度，严禁危险废物擅自处置，按计划建设一批危险废物和医疗废物集中处置工程。加强进口废物的环境管理，严禁境外危险废物进入省内。

逐步控制农业面源污染。加强农药和化肥环境安全管理，推广平衡施肥和病虫害生物防治技术，引导农民科学施用农药、化肥，大幅度降低化肥、农药对土壤的污染。大力开发污染治理和综合利用技术，推广使用土壤生物修复技术。加快规模化畜禽养殖场污染综合治理，实现畜禽养殖废物的无害化和资源化。提高秸秆综合利用水平和农膜回收利用率。

2. 生物安全

外来种的生物入侵在山东省局部地区已经造成生态危害，转基因生物的释放也存在潜在危险，涉及林业、农业、水产养殖多个领域。必须加强转基因生物安全风险评估的基础科学和生态安全研究，开展外来入侵性物种的调查，制定生物安全管理与生物多样性保护地方性法规、政府规章。加强外来物种入境检疫及转基因生物安全的监督管理，防止生物入侵范围的扩大，对已经造成生态危害的外来入侵性物种采取相应治理措施，保证生态安全。

3. 人口控制和社会保障

实施"三步走"战略，逐步达到人口零增长或负增长。调整和完善城镇企业职工基本养老保险制度。加强和完善城市居民最低保障制度，实现社会保障管理和服务社会化，加强社会保障资金的筹集和管理，加快社会保障立法步伐，形成与经济、社会、生态和资源相协调的人口分布格局。

4. 公共卫生与健康

重视公共卫生事业，构筑保障人民健康和生命安全的屏障。加快完善城镇职工基本医疗保险制度，扩大基本医疗保险覆盖面，建成符合省情、覆盖城乡、功能完善、反应灵敏、运转协调、可持续发展的多层次医疗保障体系，建立和完善医疗救治信息网络。健全传染病预警系统，提高对传染病的快速反应和控制能力。强化应对突发公共卫生事件的能力和措施。

5. 防灾减灾

重点建设洪涝干旱防御工程、生态防护工程、森林防火和森林病虫害防治、灾害性天气预警工程、海洋灾害防治工程、农林水产疫病防治工程和地震等地质灾害防治工程，构建防灾减灾体系。

（六）建设体现现代文明的生态文化体系

生态文化是先进文化的重要组成部分，其主要任务是培养生态意识，规范和强化生态行为，建立完善的法规体系和管理体制。通过普及生态科学知识和生态教育，培育和引导体现物质文明、精神文明、生态文明的生产方式和消费行为，形成保护资源与环境的生态价值观念。

1. 加强生态教育，培养生态意识

开展以普及生态环境知识和增强生态环境与资源保护意识为目的的国民生态环境教育，把生态教育作为增强生态意识、提高国民素质的一项重要内容。通过媒体宣传、学校教育、干部培训等多种途径，开展不同层次与范畴的生态教育，努力提高山东省人民的资源意识、环境意识、生态环境保护意识、可持续发展意识，积极倡导生态价值观、生态伦理观和生态美学观。结

合"世界环境日"等活动，介绍国际、国内和山东的生态环境问题和生态建设与保护的成就，在山东省上下形成自觉保护资源和环境，主动参与生态省建设的良好氛围。积极开展绿色消费教育、产业生态文明教育、生态警示教育等多种主题和内容的教育活动。广泛开展创建绿色学校活动。尽快建成一批级别、内容、方式不同的生态科普基地。采取各种措施对党政机关、各类学校、企业管理人员和决策者进行生态建设、循环经济、清洁生产等方面知识的培训，树立全面、协调、可持续的发展观。

2. 规范和强化生态行为

良好的生态行为是生态文化和生态文明的外在表现，体现在生产、生活、消费等各个领域。要大力提倡文明生产、文明生活和绿色消费，在生产和生活过程中保护生态、建设生态、减少污染、消除浪费。

建立生态省建设的公众参与机制。通过义务植树、环保志愿者活动、生活垃圾分类、环保有奖举报电话、环保问题公众听证会制度等公众参与活动，规范和强化公众的生态行为，激励公众保护生态的积极性和自觉性，在山东省形成文明的生产、生活方式和消费行为。

3. 制定相关的地方性法规和政府规章

制定与生态建设相关的地方性法规、政府规章和相应的实施细则，加大研究制定并推行生态省建设标准体系的力度，各级各部门应根据生态省建设的要求制定相应的生态建设发展规划和实施计划。运用法律法规规范有关生态环境保护、循环经济和生态产业发展以及消费等有关活动，倡导体现生态文明的生产、生活方式，将保护生态环境和绿色消费逐步纳入法制轨道，并成为公众的自觉行动。

四　北方沿海地区生态经济发展对策保障

（一）明确各级政府在生态经济发展中的职能定位

发展生态经济时，由于外部性问题导致"市场失灵"，这就需要政府有力而又恰当、严格而又适度地干预。实践证明，政府干预是克服市场失效的有效手段之一。协调经济发展与保护生态环境之间的矛盾，促进生态与社会的可持续发展，关乎生态经济战略的成功。各级政府应该以科学发展观为指导，重视经济效益与生态效益的协调发展，实现经济效益与生态效益的最大化。在市场失效的领域里，要求地方政府承担新的责任，通过经济、行政、法律、文化等多种手段使得政府与市场的关系切合可持续发展的要求。各级政府在生态经济发展中的主要职能如下。

1. 科学制定地区生态经济发展战略

各级政府应克服地方经济的本位主义和短期效益，从区域甚至全国的战略高度重视生态经济的发展，将生态经济发展目标纳入区域国民经济发展的总战略。深入研究、认识、理解生态经济建设的特殊性，制定生态经济发展战略要根据各地的生态资源优势，确立主要生态产业，大力发展生态环境治理与生态保护产业、高新技术产业、旅游业等绿色产业。在经济发展战略实施过程中，必须贯彻生态保护思想，将经济目标与生态目标放在同等重要的位置上，兼顾生态效益与经济效益。

2. 抬高企业进入市场的生态门槛，控制环境污染转移

由于资本短缺和经济结构不平衡等原因，招商引资是促进地方经济发展的一个重要引擎。但需要特别注意的是，地区经济发展不平衡造成"势差"，使得存在环境污染的转移可能，因此各级政府在招商引资时，应防止环境污染转移。

生态经济建设中，各地政府应积极改善投资环境，根据实际情况，制定合理门槛，以便限制那些不具备生态保护能力或不愿意进行生态保护的企业随意进入。通过这种办法，把企业培育成发展生态经济的主体。

需要注意的是，市场经济是法制经济，各级政府设置合理的生态门槛，主要是通过制定规则，以法律法规来对生产经营活动中造成生态环境破坏的企业进行限制，按照经济流程关注从源头到结果的全程生态化，即分为源头生态化、过程生态化、结果生态化。源头生态化的举措是指减少甚至放弃高污染能源与原料的使用。

3. 发挥政府提供公共产品的功能，兴建生态保护的重大工程

市场主体行为的短期化表现在只顾当前利益，不顾长远利益，对投资周期长、预期利润不确定的长期项目缺乏积极性。在实施生态经济发展战略中，一些生态工程项目（如生态环境的治理、基础设施的建设等）直接关系到国民经济的可持续发展，具有广泛的社会意义，却超出了企业的能力和责任范围。从短期来看，政府是生态建设的主体，目前我国的生态工程项目主要由政府投资建设。随着市场经济体制建设的进一步完善，政府应不断把企业培育成发展生态经济的主体，使生态保护成为企业自觉的行为，使生态经济具备产业化、商品化的极大潜力，同时在健全法制的规范下，通过激烈的市场竞争迫使企业向资源节约型生产转变。

4. 制定政策法规，充分发挥市场激励机制的作用，促进环境治污建设

各级政府在生态经济建设中应制定政策法规，建立严密的环境资源产权制度，营造公平公正、自由竞争的环境氛围，使市场机制良性运转，同时结合市场的价格激励机制对生态要素进行定位。例如，政府通过积极培育排污交易市场，按环境功能区实行污染物排放总量控制，以排污许可证或环境规划总量控制目标等形式，明确下达给各排污单位一定的排污总量指标，要求各排污单位"自找平衡，自我消化"，在排污交易市场，进行有偿转让排污指标。同时，对产生消极外部影响的厂商征税金或罚款，而对产生积极外部影响的厂商予以补贴。通过市场激励机制作用促进和调动企业治理污染的积极性，将经济效益和环境效益统一起来。

（二）建立多元投资体制，促进生态经济发展

要改变生态经济建设投入少、产业基础薄弱的局面，必须坚持国家、地方、集体、个人一起上，多渠道、多层次、多方位筹集保护和建设资金，促进生态经济发展，形成"政府引导、社会齐上、集约经营、共同发展"的格局（卢良恕，2002）。对已纳入国家基本建设计划的项目，要严格按国家、省生态环境建设重点工程管理办法和实施细则安排相应的配套资金，并将资金纳入财政预算，专项列支。银行要增加用于生态经济建设开发项目的贷款，并适当延长贷款偿还年限。积极争取利用国外资金、国外的长期低息贷款和赠款，优先安排生态经济建设项目。按照"谁投资、谁经营、谁受益"的原则，鼓励全社会各种投资主体向生态经济建设投资。设立环保风险投资基金和支持手段，促进环保风险投资与经营，切实推进山东省生态经济建设的发展。

1. 吸引更多的民间资金投向生态产业

鼓励社会资金以独资、合作、联营、参股、特许经营等方式进行投资。积极吸纳国内外资金投入，做好域外资金进入的配套服务工作。积极培育资本市场，通过企业股票上市、发行债券，扩大企业直接融资能力，吸引和带动其他资金投入，尤其要制定政策，鼓励资本投入环境友好型、资源节约型的绿色产业和企业。

2. 大力发展民营企业，积极引导其参与生态产业建设

民营企业机制灵活，是一个地区经济高速发展的主要增长点，要加大财政、金融、税收等方面的扶持政策，大力发展民营企业，创造一个良好、公平、健康的外部环境，保证民营企业在竞争中的平等地位，引导民营企业参与结构调整，积极投身于生态产业领域，促进生态建设产业化。

3. 以多种途径、多种形式加强区域合作开发

加快跨地区、跨部门、跨所有制的要素流动、资产重组和企业结构调整，特别是要抓住东部沿海发达地区资源初级加工和劳动密集型产业继续向西转移的有利时机，广泛开展经济技术联合与协作，吸引东中部技术经济力量雄厚的企业到北方沿海地区投资和扩散创新技术，鼓励高科技含量的项目在北方沿海地区实现产业化。此外，还可以利用投资基金、股票、债券等金融工具，与东部地区加强金融协作，鼓励其加大投入生态产业的力度，促进各地区生态产业的发展。

4. 抓住外商投资看好我国西部市场的机遇，加大引进外资的力度

要积极拓宽和利用境外资金、资源、技术和市场的领域。省级政府要重视外资企业在山东省产业结构、产品结构调整中的作用，制定有关政策，吸引国外相关配套企业来北方沿海地区投资，增强外资产业关联度。各地政府

应结合本地实际，制定具体的外商投资产业目录和相关的税收优惠政策，同时优选一批农业、旅游、生态环保和优势矿产资源开发项目，做好充分的前期工作，以多种形式招商，吸引国外企业、公司、财团和个人独资、合资或合作开发。

（三）大力推动科技进步与创新

北方沿海地区要扬长避短，充分发挥已有的科教优势，进一步扩大经济技术交流与合作，把科教优势转化为现实的经济优势，拓展科技发展的空间和经济发展的空间；大力引进关键技术和核心技术，缩短自主研发周期，提高科技整体水平，增强对资源的开发利用能力，加快跨越式发展步伐。

依靠科技和科技创新是北方沿海生态经济区建设的关键环节，政府科技主管部门要建立相应的科技研发平台，将生态经济区建设中重大技术创新课题优先列入全市科研计划，并给予科研经费的倾斜。要积极拓展与国内先进地区和周边省市的科技合作，以京津冀生态恢复与区域性空气污染防治、海河流域与渤海海域污染防治等专题为重点进行联合攻关。全方位开展国际合作与交流，借鉴国际上环境保护与生态建设的相关技术与经验，大力引进绿色能源、绿色产品、绿色工艺、绿色服务的先进技术。全面加强相关人才的培养，要将院校培养与定向培训相结合、本地培养与引进人才相结合，将专项人才引进、培训等计划纳入科技人才计划之中。

1. 农业科技领域

一是要因地制宜地培育优势农业部门和龙头企业，实施农业品种、技术、知识更新工程，大力研究、引进和推广应用农业新科技、新成果，强化农业技术在生产、加工、流通各环节的建设组装配套，提高农业科技含量，大力发展生态型农业，实施农业产业化策略。加大对主要农产品精深加工技术的研发力度，力争在加工、保鲜、贮藏技术上取得突破。二是建立多种形式的农业科技示范园区，创造有利于农业高新技术企业健康、迅速成长的良好环境。将其建设成"引进品种，展示技术，创新机制，吸引农业投资，引导产业结构调整和培训农民、基层干部、农技人员的基地"，发挥辐射带动作用。特别要引导经营机制灵活的民营科技企业进入农业并致力于高科技农业园建设，使之成为现代农业与农业科技发展的强大动力。三是加强绿色食品及安全食品标准和技术攻关，推进农业标准化建设，重点进行蔬菜、水果、中药材等无公害生产技术研究和产品开发。四是加强和完善各地区以科技和信息服务为重点的农业社会化服务体系建设，发挥其在特色农业经济中的服务和引导功能。

2. 工业技术领域

一是企业和研究机构及大学加强先进制造与自动化技术攻关及开发，推进制造业信息化。抓好先进制造技术的推广应用，促进传统制造业实现关键技术、关键工艺、关键设备的优化升级，提升装备水平和产品工艺水平。二是围绕新材料综合利用技术攻关，抓好新材料产业基地建设；研究开发光电信息材料及新型加工、生物材料、环保材料等，并推动其产业化，争取把北方沿海地区建设成为国家新材料研发生产重要基地。三是以高新重点企业为龙头，以北方沿海区内高新区和科技城为载体，构建北方沿海战略新兴产业的"航空母舰"。四是加强基因工程的开发应用，特别是加强对中医药关键技术的研究，用生物技术改造传统制药技术，为农业、制药、环保科技发展开辟新途径。

3. 资源、环境、生态技术领域

一是加强生态恢复与重建关键技术和矿产资源及特色资源、野生珍稀动植物资源的保护性开发技术研究。二是积极开发水能资源，加速可再生能源的开发利用，为解决全国能源短缺问题做出积极贡献。三是注重绿色环保型产品以及环境生物应用技术的研究开发，利用高新技术带动固体废物再利用、城市生活污水及工业废水处理、烟气脱硫等环保产业发展，推动循环经济发展。

4. 研究制定有利于科技创新的政策法规

一是强化科技的财政投入，建立技术创新和高新技术发展基金、风险投资基金、高科技产业化信贷担保基金；加大高新技术成果转化和高新技术企业初创期、成长期引导资金投入；对具有广阔发展前景并能产生丰厚经济效益的高新技术项目给予经费补助或贷款贴息；为处于发展前期的科技型企业提供贷款担保。二是积极发展促进技术创新活动的投融资体系。鼓励引导金融部门加大对技术创新和高新技术成果转化项目贷款的投入规模和力度。积极发展科技风险投资，尽快完善科技风险投资的进入和退出机制。支持山东省高科技集团在沪深上市，一批高成长性的中小型科技企业在香港创业板上市。三是鼓励科研院所、大专院校与企业加强横向联合，开展技术经济合作，引导科研院所、大专院校根据生产企业的实际需要进行科研创新，促进科技成果向现实生产力转化。

（四）建立完善的生态补偿机制，保障生态经济发展持续化

越来越严重的生态环境问题和越来越惨重的生态环境损失，要求我们一方面通过健全法律制度等手段，形成生态环境保护和生态产业、生态经济开发的制度机制；另一方面，通过经济和利益手段，建立生态资源自我修复和再生的补偿机制。

1. 关于生态补偿的基本认识

生态补偿的实质是对公益外溢的一种补偿。保护和改善生态环境的行为是为社会提供公共利益的行为，通过这种行为生产出来的产品——良好的生态环境，是一种正外部性很强的公共产品。这种产品被生产出来之后，不需要通过市场交换就能满足社会公众对它的需求，除生态建设者之外的所有人都可以在不付出任何代价的情况下分享其带来的生态利益，而由生态建设者自己负担对生态环境改善需要支付的代价，承受私益的损失。这样，在市场机制下，以效益最大化为目的的生产者就不会把资源有效地配置到生态建设之中，致使生态建设难以持续进行。

外部性原理和公共物品理论是认识生态补偿的理论基础。福利经济学代表人物庇古认为，对于正的外部影响，政府应予以补贴，以补偿外部经济生产者的成本和他们应得的利润，从而增加外部经济的供给。这就是正外部性的内部化。基于这种理论基础，对从事生态建设的行为进行经济补贴，以弥补其进行生态建设所付出的损失和代价，从而实现对公益外溢的补偿，调动生产者从事生态建设的积极性，保证生态建设的持续进行，并最终实现生态环境的改善。

　　生态补偿机制作为一种有偿使用生态资源环境的新型管理模式，改正了生态环境成本收益原有的错位扭曲关系，将区际环境变化与毗邻地区的社会发展状态对接起来，用"资源价值论"的观念重新审视生态环境资源，重新评价生态环境资源在经济建设和市场交换中所体现的生态价值，为生态资源价格市场化运作创造了条件。生态补偿机制提高了生态资源的使用价格，驱使人们在生产和生活中力争减少生态成本，督促人类利用生态学原理和循环经济理论建设节约型社会和循环型经济，从而突破能源瓶颈实现可持续发展。生态补偿机制实现了成品产业对资源产业的利益补偿，根据生态环境容量的丰瘠程度来优化产业结构，调整生产力布局。生态补偿机制能缓解乃至解决生态保护活动中的资金短缺问题，通过融资机制和资金平台来筹集与生态保护有关的资金，加速生态保护的市场化和社会化进程。总之，生态补偿机制能最大限度地缓解社会经济发展和环境资源保护之间的矛盾，从而使经济发展与生态保护在发展过程中获得动态平衡。

2. 生态补偿机制框架

　　生态补偿机制的框架包括补偿主体与受偿主体、补偿资金的筹集、补偿资金的支付等内容。

　　第一，补偿主体应该是受益于生态补偿的居民和国家政府部门，但是居民的分散性导致了政策实施的困难，因此，居民公共利益的代表地方政府就成为替代者。受偿主体是为生态保护牺牲经济发展机会的居民和地区。

　　第二，实现生态补偿，关键在于有足够的资金作为基本保障。因此，实现生态补偿，应当建立生态补偿基金。实践表明，中央财政投入难以完全解决区际生态服务的利益补偿问题，而建立生态补偿基金，在地方政府之间对生态建设的利益补偿进行合理分摊，却有着很强的实践性及可借鉴的经验。生态补偿基金的筹集渠道应该是多元化的。

　　（1）对环保产品实行利润分成制。对利用生态资源进行环保产品开发的企业所生产的产品，从其利润中扣除一部分作为该项生态资源开发的使用费用，以用于该资源持续性开发的培植费用。

　　（2）对污染和环境破坏者实行征税、收费或罚款制度。庇古税的开征就是意在解决环境使用与环境优化及其持续发展的矛盾，只要使税率相当于作用于环境后所造成的边际环境损失，就可以使其得到相应的补偿。

（3）拨款和募集。由财政拨款建立生态保护与污染治理的专项基金，拨付的多少可以根据生态资源对国民经济贡献的大小从国民收入中按相应比例提取；也可以充分发挥社会的力量，面向全社会募集环保资金，随着人们环保意识的加强和收入水平的提高，社会力量特别是民间力量参与环保的资金筹集和组织实施的力度会越来越大，积极性会越来越高涨。

（4）生态转移支付。就是根据科斯理论进行产权界定，直接由环保的受益者或破坏者向环保的提供者或受害者支付相应的补偿费用。

（5）实行绿色保证金制度。规定企业按照其可能造成的污染程度在年初或某项目建设之前缴纳一定的环境污染保证金，如果到年末或项目运行过程中造成的环境危害超过了一定标准，那么这笔保证金就自动地被充公并纳入生态保护与污染治理的专项基金中；反之则可收回。

第三，补偿资金的支付。生态补偿基金一部分用于支持生态建设区域的建设项目，如用于涵养水源、环境污染综合整治、农业非点源污染治理、城镇污水处理设施建设、修建水利设施、增加就业、改善经济发展条件等方面的项目；另一部分直接用于因生态环境建设需要而减产或停业的企业及其员工补偿，还包括在环境污染综合整治中需要搬迁的家庭。补偿的标准主要以生态建设地区进行生态建设所投入的成本和生态建设地区的经济损失量为依据，经济损失量应从经济结构调整所引起的损失、人员失业的损失、放弃使用自然资源所产生的机会成本等方面加以计算和汇总。

3. 生态补偿机制的配套机制

建立有效的生态补偿机制是促进我国可持续发展、构建和谐社会的重要举措，是科学发展观的实践应用。生态补偿涉及公共管理各个层面，必须有以下这些机制相配套。

建立约束机制，运用法律手段和协议框架构建生态补偿机制的约束机制；建立政府协调机制，最大限度地减少生态补偿纠纷，尤其是要建立跨区域的协调体制，解决跨区域的生态边际环境补偿问题；建立政府监督管理机制，对生态补偿机制的进程实施过程监督，循序渐进，试点突破；建立合作机制，部门联系、上下联动，调动全社会的力量共同推动生态补偿机制的发展与完善；建立核算机制，对生态补偿投入进行成本－效果分析，争取获得最大化的生态收益；建立融资机制，构建多元化的生态环境补偿基金融资渠道，并促进该资金进入良性循环的滚动发展轨迹；构建审核机制，建设绿色国民经济核算体系和生态环境审计体系，明确生态环境补偿的标准和额度；构建研究机制，开发生态环境服务功能价值评估技术和"绿色 GDP"核算技术，对生态补偿机制提供强有力的智力支持和人员支撑；构建宣传机制，在社会构建起生态道德观和环境伦理责任感，让人们自觉地将自身行为的后果放置到整个自然生态环境中去审读；构建运行机制，结合政府调控与市场化运作使经济与生态环境达到协调发展，实现"绿色增长"。

（五）制定人才的优惠政策，为跨越式发展提供人才保障

实施跨越式发展战略，加快技术创新，人才是根本，一定要把培育、吸引和用好人才，作为重大战略任务抓紧抓好。

1. 建立人才培养的良好机制

要努力创造尊重知识、尊重人才的社会环境和氛围，建立和完善优秀人才脱颖而出的运行机制，要狠抓教育，重视人才培养，创造复合型、综合型、外向型人才成长的软硬环境。

2. 制定开放的用人政策，吸引人才，稳住人才，留住人才

制定开放的用人政策，实施各种柔性引进人才的措施，创造人尽其才、才尽其用的用人环境，千方百计吸引人才，特别是富有现代思想观念和掌握系统科技知识而又具备较强实践能力的各类高素质人才，尤其需要掌握核心技术的科技人才、熟悉现代管理的经营人才和拥有资金项目的创业人才。要鼓励川籍学生回家乡工作，并解决好他们的工作条件、生活待遇。

3. 建立充分发挥人才作用的激励机制

鼓励支持科技人才创办、领办、兼职办或离岗办高新技术企业、中小型科技企业、民营科技企业；实行业绩报酬制度和技术管理要素参与分配制度；支持科技人才以高新技术及成果作为无形资产参与转化项目投资；对做出重大科学发现、技术发明和利用科学技术推动经济社会发展有突出贡献的

人才进行重奖等，充分激发和调动各类人才的积极性、创造性和主动性。

4. 建立和完善劳动力迁移制度

对人口密集、劳动力绝对过剩的农村剩余劳动力和因国家建设占地而失去原有土地的农村劳动力，要建立规范的迁移制度，减轻当地的生态环境压力。原则上是向人口稀少、土地可开发潜力大的地区迁移。鼓励有组织地到劳动力短缺的省区务工；鼓励个人承包荒山、荒坡、荒滩、荒水，植树造林，发展畜牧水产林果业，既改善了生态环境，又创造了收益，对经营业绩好的延长承包期，降低承包费用，承包权可以继承，可以转让；由各级政府出面搭桥，组织劳动力进行培训，培训合格后到国外务工。

5. 加强人口政策和教育事业，实施保障生态经济发展的人力资源战略

北方沿海相对落后地区所面临的经济与环境问题的根源在于人口再生产数量超过经济再生产和生态环境再生产速度，导致人口严重超载，人口素质和结构水平低，成为内涵型经济扩大再生产和生态环境建设的严重阻力。因此，必须制定严格合理的人口政策，控制人口数量；大力发展教育，不断提高人力资源素质和结构水平；推进农村城镇化，实施生态移民工程，加强劳务输出管理，减轻土地压力。

建议国家增加财政援助，或鼓励沿海和发达城市通过单独投资办学或联合办学等方式积极参与北方沿海落后山区的高等教育、基础教育、职业教育培训等各种层次的人力资源开发；通过网上教育、远程教育等先进手段来推动北方沿海内陆的教育发展，向其落后地区雪中送炭；开放办学许可条件，鼓励外资和民间投资办教育。以人力资源整体素质的增强，提高区域整体创新能力，增强发展后劲。

（六）加快制度创新，建立科学的管理体制

在市场经济体制下，要建立与市场经济体制相适应的、政府宏观调控与市场自主调节相结合的管理体制和运行机制。

1. 发挥市场机制作用，发展生态经济建设

按照市场经济规律办事，以市场为导向，注重发挥市场机制的作用，充分运用市场机制进行资源配置，包括价格形成机制、生产要素的市场化流转机制和市场竞争机制等。

生态经济建设必须摆脱将生态经济建设看作一种公益事业由政府包起来的旧思路，要根据社会主义市场经济要求，依靠市场机制来有效配置生态经济建设的有形资源与无形资源。如继续深化"四荒"承包改革，对"四荒"的治理开发实行"谁治理、谁管理、谁受益"原则，允许打破行政界线，允许不同经济成分主体购买使用开发权，允许购买使用权的经济主体按照股份制、股份合作制等新的形式经营"四荒"土地，并有继承、转化、抵押、参股联营的权利。激励和支持生态经济的科技投入和风险经营，在生态经济建设中充分发挥市场机制的有效作用。

2. 管理体制的法制化

强化依法行政理念，体现法治特色。要广泛深入地宣传我国已先后颁布的 6 部环境保护法律、9 部与生态环境相关的法律、34 部环保行政法规，如《中华人民共和国环境保护法》《中华人民共和国土地管理法》《中华人民共和国森林法》《中华人民共和国水法》《中华人民共和国水土保持法》《中华人民共和国草原法》《中华人民共和国野生动物保护法》等，不断提高人民群众的法制观念，形成全社会自觉保护环境的强大舆论。根据生态经济发展中"谁投资、谁受益"这一原则，依法保护投资生态经济建设发展者的合法权益，依法保障对生态经济建设投资长期化，依法约束和规范有利于生态经济建设发展的决策行为，这些都将有力地维护和促进生态经济建设。

3. 管理体制的社会化

把政府从大包大揽、无所不管的观念和做法中解放出来，将可以由市场、企业、社会中介组织承担的职能交还给它们，使政府由传统的统揽一切和全面管理，转变到适当干预和促进农村市场的发展上来，通过培育市场中介（含中介组织及行业协会、商会等）来促进各地的产业发展和经济发展。

第八章
结论与展望

总体来看，北方沿海地区生态系统、生态环境复杂多样，生态经济系统总体处于失衡状态。发展基于生态环境承载力的生态经济符合北方沿海资源环境情况和时代要求。按照分类指导、因地制宜原则确定各地区的发展模式，对中国东部沿海类似地区有很好的借鉴意义。

一　基本结论

通过研究北方沿海地区生态环境和社会经济分异规律，各生态经济区特征及其生态经济发展模式，主要得出如下结论。

（1）研究表明，北方沿海地区自然环境地域分异决定了社会经济地域分异的基本格局，海拔高度、水热条件、社会经济变化有很强的相似性，特别是气温、热量等值线的变化规律和海拔高度变化的一致性非常明显。海拔较低，地势相对平坦，土地肥沃，水土资源匹配较好，开发历史悠久，是人类活动的主要地区；山区、水热资源缺乏的地区，人口分布稀疏，受相关自然条件制约，社会经济发展相对缓慢，分异图中经济总量、人口密度和地均产值等直接反映了生态环境和社会经济的分异规律一致性特征。

（2）北方沿海地区农业资源的地域组合决定着农业生产的地域分异，农业生产方式和发展水平的空间差异是自然环境的直接反映。光、热、水、土资源的不同组合对农作物的分布有着决定性的作用，加之人们对土地不同利用的长期作用，就形成了华北平原、辽河平原以及黄淮海平原各具特色的农业区域类型。

能矿资源的地域组合及开发决定了能矿工业基地和一些矿业城镇的地域分异。能矿资源的地域组合及开发构成了城市地域分异的重要基础，甚至决定了有些工业基地和城镇的形成，尤以唐山市为典型。

重要城市和经济较发达区域沿环渤海沿岸和交通沿线扩展的点－轴式地域分异规律。点－轴模式是地域分异的主要形式之一。环渤海沿岸和交通干线集中了北方沿海绝大多数城市和经济集聚区，呈现点－轴式分异规律。较高层次地域多呈点状和条带状分布。点状地域主要是一些工矿业城市，地域面积较小。条带状地域主要是环渤海湾，京沪、京九、京广、哈大、京沈、京包、石德、石太、胶济铁路沿线和京沈、京沪高速沿线。这些横纵条带状地域和环渤海沿岸构成北方沿海目前以京津冀、胶东半岛和辽中南三大城市圈为增长极的主要经济、社会网状发展区，也是未来北方沿海经济社会的主要扩展地区。

（3）北方沿海地区大部分为资源环境承载力超载地区。从空间上来说，严重超载地区主要是从省会城市北京、天津、石家庄、济南与沈阳及大型城市大连、青岛向周围地区蔓延，直至整个环渤海地区。未超载地区主要集中在北方沿海的北部地区，此部分地区人类活动强度较弱，其承载状况在预测期内极少变化。而未超载区域的面积仅占整个北方沿海地区的30%，主要集中在北部的张家口市、承德市、朝阳市、葫芦岛市、阜新市、铁岭市、抚顺市及丹东市，整个未超载地区被沈阳至大连一线划分为两个子区域。

（4）北方生态脆弱度总体上由水资源的丰裕程度决定，辽东半岛和山东半岛以及环渤海湾地区生态脆弱度较低，北部山区和华北平原中部缺水地区生态脆弱度较高。

北方沿海地区生态环境比较好的地区包括：辽宁东部山区，这里是长白山针叶阔叶混交林区，植被状况好，生态系统稳定，而且人类活动相对较少；北京东北部地区生态环境也较好，这里对应燕山和太行山浅山地带，植被丰富，工业和农业经济不发达，人口密度低，人类活动不剧烈；山东半岛低山丘陵区、山东南部大部分地区生态环境也很好，这里分别为胶东半岛落叶阔叶林区、鲁中南山地丘陵落叶阔叶林区，地势变化不是太大，即使是山地丘陵地区，海拔也为 500 米左右，临近渤海，水热比较充足，植被条件好。

北方沿海地区生态最脆弱的地区主要包括：冀北山地向内蒙古高原过渡的坝上地区和辽宁西北部地区，这里是农牧交错带，在气候上属于半湿润向半干旱地区的过渡带，在植被上属于森林草原向干草原过渡地带，而且降水、气温变化也都很大；河北西南部和黄河-海河平原部分地区，这一地区人类活动强度较高，且水资源不足，生态丰裕度较低；临近渤海的地带，特别是山东东营潍坊一带，是北方沿海地区城镇工业及城郊农业区，自然生态系统数量少，人口多，工业发达，人类活动强烈，对生态系统的干扰和破坏很大。

生态脆弱度低脆弱区向重脆弱区过渡地带主要包括河北西南部地区和山东北部地区。

（5）人类活动地域分异规律研究表明，北方沿海地区生态环境（尤其是海拔和水资源）对人类活动构成了显著制约：沿海和河流冲击平原地区海拔较低，水资源丰富，人口集中且数量大，人类活动强度大；山地、沙地、丘陵地区海拔高、自然环境恶劣，人类活动强度小。

（6）北方沿海地区人类活动强度较高的地区主要集中在京津唐都市圈、辽中南都市圈、冀西南部城市带、山东西南部城市群，该部分地区人口密集，经济发展主要以第二产业和第三产业为主，处于工业化中级或高级阶段，人类活动强度较高，人类活动强度指数高于 2。城市边缘区、山东半岛东部地区人类活动强度趋中，人类活动强度指数处于 1~2。河北北部和辽宁由平原向山区过渡地区人类活动强度较弱，人类活动强度指数低于 1。

北方沿海地区经济发展水平较高的地区主要集中在京津唐都市圈、辽中南都市圈和山东半岛城市群，这些地区经济发展水平指数均在 2 以上，其中核心城市经济发展水平指数在 5 以上。河北西北部、辽宁西部地区经济发展水平较低，区域经济发展水平指数均在 2 以下。

（7）北方沿海地区经济结构空间相关性，总体上由交通干线相联系，体现在区域内部经济发展程度相对接近的城市之间，其空间相互影响的作用相对更强。这说明，北方沿海地区内部的城市增长，在条件相当的城市之间，具有很强的模仿和分工合作效应，其增长过程是相互促进的一个良性竞争过程。

北方沿海地区所包含的京津唐、辽中南、山东半岛三个城镇密集区分别构成了三个经济核心区。三个经济核心区分别有各自不同的国内联系腹地和对外联系方向，有自己不同的中心城市和出海口。辽中南地区是东北三省及内蒙古东部的经济核心区和出海门户（大连），京津唐地区是华北地区的经济核心区和出海门户（天津），山东半岛是山东全省以及省外一部分地区的经济核心区和出海门户（青岛），进而形成了三个各自独立的二级城市经济区——华北经济区、东北经济区、山东经济区。三个经济区有各自的经济特点、产业布局，有各自不同的城市体系，各自内部具有紧密的社会经济联系，这种联系的紧密程度超过了三个经济区之间的联系。

（8）生态经济区划研究的结果表明，北方沿海地区生态经济类型复杂多样，应根据因地制宜、分类指导的原则确定不同生态经济区的发展对策。

燕山－太行山山区弱－中度人类活动强度生态经济区发展对策如下。针对山区发展面临的经济和生态的双重压力，在尊重山区发展自然规律和市场经济规律的基础上，通过科技创新、市场培育、机制创新等举措，立足山区特色，以保护生态环境为基础、以发展经济为核心、以提高社会发展水平为支撑，从资源开发、智力开发、生态环境保护等方面，因地制宜地制定山区农业可持续发展的对策。

长白山－千山弱度人类活动强度生态经济区发展对策如下，一是禁止天然林商业性采伐，禁止与限制不合理的农业活动，封山育林，培育针叶阔叶混交林，保护生物多样性，增强水源涵养能力；二是加强浑太源头、大伙房、观音阁、汤河等饮用水源保护区和生态功能保护区建设；三是严格限制水源涵养区、生物多样性重要区、地质灾害易发区、水土流失严重区的矿产资源开发活动，加大对露天坑、废石场、尾矿库、矸石山的生态恢复力度；

四是科学放养柞蚕，采取生物与工程措施积极治理蚕场；对沙化严重的蚕场，实行退蚕还林；五是加大小城镇污水处理厂等环境基础设施建设，提高城镇污水垃圾收集处理水平；六是开展小流域综合治理。

华北平原高度人类活动强度生态经济区发展对策如下。一是推动产业优化升级，建立绿色产业模式；二是弘扬生态文明理念，创建绿色消费模式；三是统筹城乡生态建设，完善绿色环境模式。

华北平原中度人类活动强度生态经济区发展对策如下。一是加强科技创新，推进重点行业节能减排；二是大力发展生态农业；三是三次产业联动，大力发展生态旅游业。

辽西平原中度人类活动强度生态经济区发展对策如下。一是加大中部城市群环保基础设施建设和城市环境综合整治力度，严格控制大气、水等污染物排放和污染效应叠加，加快环保模范城市和生态市、生态县的创建。向滨海转移产业要实现技术提升，建立循环产业链，完善污染物集中处理设施。二是加强节约用水，逐步恢复地下水位。对原生铁、锰超标地下水以非饮用利用为主，严格处理达标后方可供饮用。三是加强采煤沉陷区、尾矿库、排土场治理和生态恢复。四是加强农田、路网等防护林建设，开展柳河、绕阳河流域综合整治，减少河水含沙量，防治土壤盐渍化和沙化。五是加强南部滨海平原入海口湿地保护，严格控制对自然湿地的占用，降低油气污染。六是整治规模化畜禽养殖污染，发展生态农业，降低农用化学品施用强度，控制农业面源污染等。

沿海高度人类活动强度生态经济区发展对策如下。构建现代海洋产业体系，打造和建设北方沿海蓝色经济区。以培育战略性新兴产业为方向，以发展海洋优势产业集群为重点，强化园区、基地和企业的载体作用，加快发展海洋第一产业，优化发展海洋第二产业，大力发展海洋第三产业，促进三次产业在更高水平上协同发展。

山东丘陵中度人类活动强度生态经济区发展对策如下，依托丰富的农业资源和劳动力资源，建立起市场指导下的工农联动模式，大力发展丘陵地区生态工业、循环经济，坚持退耕还林，大力发展特色农业、生态农业、观光农业，促进第三产业和城镇发展。

二 不足与讨论

由于北方沿海地区生态、环境、经济、社会系统复杂，目前生态经济区划研究较为薄弱，加之笔者研究水平、资料获取与写作时间等的限制，本书仍有不足之处，需要进一步完善。

首先，在生态环境指标的选择上，尽管已经考虑了基本的指标，但仍有一些指标需要考虑，如矿产资源的分布、储量等。由于区划以县为单位，难以获得县一级自然要素可靠的数据，在区划和发展模式中只是对其进行了一些定性的描述。在社会经济指标选择上，尽管人类经济活动在空间上也表现出一定的规律性，但毕竟不像自然要素那样，具有典型的地带性特征。因此，如何确定最具有代表性且最能够反映不同级别生态经济区之间层次性的指标，需要在以后的工作中进一步研究探讨。

其次，书中社会经济和部分生态环境要素分析以县级行政单元为基本单位，在进行生态环境和社会经济分异分析及具体分区时，忽略了县域内部差异，致使分析结果存在一定误差。

最后，笔者进行发展模式探讨时只选择了部分有代表性的地域进行分析或从整体上考虑一个生态经济区，其局限性在于无法把每个具体区域的发展模式都考虑进去，有待进一步完善、探索各地区的生态经济发展模式。

参考文献

[1] 〔美〕埃伯特·赫希曼：《经济发展战略》，经济科学出版社，1991。

[2] 白艳莹、王效科、欧阳志云、苗鸿：《苏锡常地区生态足迹分析》，《资源科学》2003 年第 6 期。

[3] 曾坤生：《论区域经济动态协调发展》，《中国软科学》2000 年第 4 期。

[4] 陈东景、徐中民：《中国西北地区的生态足迹》，《冰川冻土》2001 年第 2 期。

[5] 陈赛：《循环经济及其法律调控模式》，《环境保护》2003 年第 1 期。

[6] 陈玉平、董锁成、徐民英：《国际经济与环境协调发展的实践及其对中国的启示》，《中国生态农业学报》2001 年第 4 期。

[7] 〔英〕戴维·皮尔斯：《绿色经济的蓝图——衡量可持续发展》，李巍等译，北京师范大学出版社，1996。

[8] 董慧凝、尤完：《论资源制约及资源导向的循环经济》，《财经问题研究》2007 年第 9 期。

[9] 董锁成、李斌、薛梅、李泽红：《甘肃与毗邻六省区旅游业发展比较分析与对策探讨》，《甘肃社会科学》2008 年第 1 期。

[10] 董锁成、李岱：《陕甘宁接壤区发展潜力评价和生态经济发展模式——以平凉地区为例》，《干旱区资源与环境》2003 年第 1 期。

[11] 董锁成、李泽红、李宇：《中国西部生态经济区划与区域协调发展战略》，《中国区域发展报告（2007~2008）》，中国科学技术出版社，2008。

[12] 董锁成、李泽红：《关于中部地区发展循环经济的几点思考，科技创

新和谐发展——2007 年促进中部崛起专家论坛论文集》，中国科学技术出版社，2007。

[13] 董锁成、李泽红：《中国资源型城市经济转型问题与战略探索》，《中国人口资源与环境》2007 年第 5 期。

[14] 董锁成、齐晓明、范振军：《中部粮食主产区城镇化进程中农村土地变化的 GIS 分析和对策研究——以江西省为例》，《自然资源学报》2006 年第 5 期。

[15] 董锁成、王传胜等：《西部经济社会地域分异规律研究》，《地理研究》2002 年第 3 期。

[16] 董锁成、王海英：《海洋资源开发前景与中国海洋经济可持续发展方略》，载《2003 中国高科技报告》，科学出版社，2003。

[17] 董锁成、吴玉萍：《黄土高原生态脆弱贫困区生态经济发展模式研究——以甘肃省定西地区为例》，《地理研究》2003 年第 5 期。

[18] 董锁成、薛梅：《民族地区经济社会地域分异规律探讨》，《中央民族大学学报》2008 年第 2 期。

[19] 董锁成、张小军：《西部各生态——经济区的主要特征与症结》，《资源科学》2006 年第 6 期。

[20] 董锁成：《城市生活垃圾资源潜力与产业化对策》，《资源科学》2003 年第 2 期。

[21] 冯景雯、张雹：《云南省中小企业集群生态化发展思考——云南省与浙江省中小企业比较研究》，《经济问题探索》2008 年第 5 期。

[22] 冯仁国：《八十年代中国区域发展研究进展》，《地理学与国土研究》1991 年第 2 期。

[23] 封志明、潘明麟等：《中国国土综合整治区划研究》，《自然资源学报》2006 年第 1 期。

[24] 傅伯杰、陈利顶、刘国华：《中国生态区划的目的、任务及特点》，《生态学报》1999 年第 5 期。

[25] 高群、毛汉英：《基于 GIS 的三峡库区云阳县生态经济区划》，《生态学报》2003 年第 1 期。

［26］ 关文彬、王自力：《贡嘎山地区森林生态系统服务功能价值评估》，《北京林业大学学报》2002 年第 4 期。

［27］ 韩哲英：《基于循环经济理论的旅游产业整合及竞争力提升的研究》，《林业科技》2006 年第 6 期。

［28］ 胡孟春、张永春、缪旭波：《张家口市坝上地区生态足迹初步研究》，《应用生态学报》2003 年第 2 期。

［29］ 胡新艳、牛宝俊、刘一明：《广东省的生态足迹与可持续发展研究》，《上海环境科学》2003 年第 12 期。

［30］ 黄青、任志远、王晓峰：《黄土高原地区生态足迹研究》，《国土与自然资源研究》2003 年第 2 期。

［31］ 蒋依依、王仰麟、卜心国等：《国内外生态足迹模型应用的回顾与展望》，《地理科学进展》2005 年第 2 期。

［32］ 解振华：《大力发展循环经济》，《求是》2003 年第 13 期。

［33］ 金鉴明：《绿色的危机》，中国环境科学出版社，1994。

［34］ 景可：《黄土高原生态经济区划研究》，《中国水土保持》2006 年第 12 期。

［35］ 兰芬、石晓枫：《用循环经济理论指导工业区环境影响评价》，《环境科学与技术》2007 年第 10 期。

［36］ 李斌、董锁成、江晓波：《若尔盖湿地草原沙漠化成因分析及对策探讨》，《水土保持研究》2008 年第 3 期。

［37］ 李斌、董锁成、薛梅：《川西少数民族边缘地区生态旅游模式与效益分析》，《农村经济》2008 年第 3 期。

［38］ 李富田：《四川发展循环农业的模式选择及对策》，《农村经济》2007 年第 5 期。

［39］ 李金昌：《资源核算论》，海洋出版社，1991。

［40］ 李利锋、成升魁：《生态占有——衡量可持续发展的新指标》，《自然资源学报》2000 年第 4 期。

［41］ 李丽平：《以循环经济为理念，走新型工业化之路》，《循环经济理论与实践》，中国环境科学出版社，2003。

[42] 李小建:《经济地理学》,高等教育出版社,1999。

[43] 李雪、董锁成、张广海、金贤锋:《山东半岛城市群旅游竞争力动态仿真与评价》,《地理研究》2008年第6期。

[44] 李英禹、毕波、于振伟:《国内外生态省建设理论和实践研究综述》,《中国林业企业》2003年第6期。

[45] 蔺海明、颉鹏:《甘肃河西绿洲农业区生态足迹研究》,《农业现代化研究》2004年第2期。

[46] 刘青松、左平、邹欣庆、葛晨东:《发展生态旅游推进循环经济发展》,《污染防治技术》2003年第2期。

[47] 刘卫东、陆大道:《经济地理学研究进展》,《中国科学院院刊》2004年第1期。

[48] 刘卫东、朱艳:《循环经济理论与中国产业结构调整》,《北方论丛》2007年第5期。

[49] 刘卫东、张雷、王礼茂等:《我国低碳经济发展框架初步研究》,《地理研究》2010年第5期。

[50] 刘燕华:《中国适宜人口分布研究——从人口的相对分布看各省区可持续性》,《中国人口·资源与环境》2001年第1期。

[51] 刘再兴:《区域经济理论与方法》,中国物价出版社,1989。

[52] 鲁春霞、谢高地:《河流生态系统的休闲娱乐功能及其价值评估》,《资源科学》2001年第5期。

[53] 马慧、姜云、吴益萍:《发展循环经济促进农业可持续发展》,《北方环境》2004年第1期。

[54] 马骏、郑垂勇、葛久研:《基于循环经济理论的资源型城市发展对策研究》,《生产力研究》2007年第12期。

[55] 毛凯军、吴贵生:《中小企业集群发展循环经济研究——以山东日照市石材加工业集群为例》,《工业技术经济》2007年第7期。

[56] 苗鸿、王效科、欧阳志云:《中国生态环境胁迫过程区划研究》,《生态学报》2001年第211期。

[57] 牛桂敏:《循环经济:可持续发展的战略选择》,《求是》2003年第2

期。

[58] 彭珂珊:《生态经济学理论在环境恢复与重建中的应用》,《广西经济管理干部学院学报》2003 年第 4 期。

[59] 秦珊、熊黑钢、徐长春:《新疆陆地生态系统服务功能及生态效益的估算》,《新疆大学学报:自然科学版》2004 年第 1 期。

[60] 秦颖、武春友:《生态工业共生网络运作中存在的问题及其柔性化研究》,《软科学》2004 年第 2 期。

[61] 王传胜、范振军、董锁成:《生态经济区划研究——以西北 6 省为例》,《生态学报》2005 年第 7 期。

[62] 王如松:《循环生态与循环经济》,《生态经济与小康建设》,贵州人民出版社,2004。

[63] 王慎敏、易理强、周寅康:《循环型城市建设绩效评价研究——以珠三角城市群为例》,《中国人口·资源与环境》2007 年第 3 期。

[64] 王书华、毛汉英:《生态足迹研究的国内外近期进展》,《自然资源学报》2002 年第 6 期。

[65] 王淑强、董锁成、王新、李宇、吴玉萍:《定西市经济与生态环境互动机理研究》,《资源科学》2005 年第 4 期。

[66] 王晓蓉、耿宝江:《基于循环经济理论的区域生态旅游发展探索》,《科技进步与对策》2006 年第 11 期。

[67] 魏后凯:《加入 WTO 后中国区域经济发展的新趋势》,《经济学动态》2002 年第 6 期。

[68] 文岳东:《发展循环经济,推进新型工业化进程》,《高科技与产业化》2004 年第 1 期。

[69] 吴传钧、张家桢:《中国 20 世纪地理学发展回顾及新世纪前景展望》,《地理学报》1999 年第 5 期。

[70] 谢家平、孔令丞:《企业群落生态化:理论与实践》,上海财经大学出版社,2007。

[71] 徐琳、董锁成、艾华、齐晓明、王培县:《大旅游业产业及其发展的影响和效益——以甘肃省为例》,《地理研究》2007 年第 2 期。

[72] 徐长春、熊黑钢、秦珊、李新萍：《新疆近 10 年生态足迹及其分析》，《新疆大学学报》（自然科学版）2004 年第 2 期。

[73] 徐中民、陈东景：《中国 1999 年的生态足迹》，《土壤学报》2002 年第 3 期。

[74] 徐中民、程国栋、王根绪：《生态环境损失价值计算初步研究——以张掖地区为例》，《地理科学进展》1999 年第 5 期。

[75] 徐中民、程国栋、张志强：《生态足迹方法：可持续性定量研究的新方法》，《生态学报》2001 年第 9 期。

[76] 徐中民、张志强、程国栋：《当代生态经济的综合研究综述》，《地球科学进展》2000 年第 6 期。

[77] 徐中民、张志强：《甘肃省 1998 年生态足迹计算与分析》，《地理学报》2000 年第 5 期。

[78] 徐中民、张志强：《可持续发展定量指标体系的分类和评价》，《西北师范大学学报》（自然科学版）2000 年第 4 期。

[79] 徐中民：《可持续发展定量研究的几种新方法评介》，《中国人口·资源与环境》2000 年第 2 期。

[80] 薛梅、董锁成、李泽红、李斌：《民族地区生态经济发展模式研究》，《生态经济》2008 年第 3 期。

[81] 严茂超：《生态经济学新论——理论、方法与应用》，中国致公出版社，2001。

[82] 杨开忠、杨咏、陈洁：《生态足迹分析理论与方法》，《地球科学进展》2000 年第 6 期。

[83] 杨勤业、吴绍洪、郑度：《自然地域系统研究的回顾与展望》，《地理研究》2002 年第 4 期。

[84] 杨勤业、郑度、吴绍洪：《中国的生态地域系统研究》，《自然科学通报》2002 年第 3 期。

[85] 杨咏：《生态产业园区述评》，《经济地理》2000 年第 4 期。

[86] 喻宏伟、齐振宏：《县域经济发展新模式初探——对发展县域循环经济的思考》，《价格理论与实践》2006 年第 9 期。

［87］ 岳东霞、李自珍、惠苍：《甘肃省生态足迹和生态承载力发展趋势研究》，《西北植物学报》2004 年第 3 期。

［88］ 张杰、赵锋：《基于生态足迹的循环经济发展水平的测度研究》，《干旱区资源与环境》2007 年第 8 期。

［89］ 张水龙、李德生、孙旭红：《天津市 1998 年生态足迹分析》，《天津理工学院学报》2004 年第 1 期。

［90］ 张向辉、李瀚：《青海东峡林区森林生态系统服务功能及经济价值评估》，《北京林业大学学报》2002 年第 4 期。

［91］ 张小军、董锁成：《黄土高原丘陵沟壑区生态城市指标体系与评价研究》，《生态经济》2005 年第 3 期。

［92］ 张志强、徐中民、程国栋：《生态足迹的概念及计算模型》，《生态经济》2000 年第 10 期。

［93］ 郑度、陈述彭：《地理学研究进展与前沿领域》，《地球科学进展》2001 年第 5 期。

［94］ 郑度、傅小锋：《关于综合地理区划若干问题的探讨》，《地理科学》1999 年第 3 期。

［95］ 郑度：《自然地理综合研究的主要进展和前沿领域》，《地理学会月刊》1999 年第 6 期。

［96］ 钟永建、古冰：《西部民族地区循环经济发展研究》，《发展论坛》2006 年第 11 期。

［97］ 周起业、刘再兴、祝诚、张可云：《区域经济学》，中国人民大学出版社，1989。

［98］〔英〕朱迪·丽丝：《自然资源：分配、经济学与政策》，蔡运龙译，商务印书馆，2002。

［99］ Arnaldo Walter, Frank Rosillo-Calle, Paulo Dolzan, *et al.*, Perspectives on Fuel Ethanol Consumption and Trade, *Biomass and Bioenergy*, 2008, 32 (8): 730 – 748.

［100］ Bailey, R. G., Delineation of Ecosystem Regions, *Journal of Environmental Management*, 1983, 7: 365 – 373.

[101] Bryan G. Norton, Douglas Noonan, Ecology and Valuation: Big Changes Needed, *Ecological Economics*, 2007, 63 (3): 664 – 675.

[102] Bicknell, K. B. Ball, R. J. Cullen, New Methodology for the Ecological Footprint with An Application to the New Zealand Economy, *Ecological Economics*, 1998, 27 (4): 149 – 160.

[103] Bailey, R. G. , The Factor of Scale in Ecosystem Mapping, *Journal of Environmental Management*, 1985, 9 (4): 271 – 276.

[104] Bailey R. G. , Explanatory Supplement to Ecoregions Map of the Continents, *Environmental Conservation*, 1989, 16 (4): 307 – 310.

[105] C. Weber, A. Puissant, Urbanization Pressure and Modeling of Urban Growth: Example of the Tunis Metropolitan Area, *Remote Sensing of Environment*, 2003, 28 (3): 341 – 352.

[106] Daniel P. Forbes, David A. Kirsch, The Study of Emerging Industries: Recognizing and Responding to Some Central Problems, *Journal of Business Venturing*, 2010, In Press.

[107] Dimitrios Buhalis, Strategic Use of Information Technologies in the Tourism Industry, *Tourism Management*, 1998, 19 (5): 409 – 421.

[108] Dale R. Lightfoot, Moroccan Khettara, Traditional Irrigation and Progressive Desiccation, *Geoforum*, 1996, 27 (2): 261 – 273.

[109] Fang Cai, Meiyan Wang, Growth and Structural Changes in Employment in Transition China, *Journal of Comparative Economics*, 2010, 38 (1): 71 – 81.

[110] Ferng, J. J. , Using Composition of Land Multiplier to Estimate Ecological Footprints Associated with Production Activity, *Ecological Economics*, 2001, 37 (3): 159 – 172.

[111] H. H. Schobert, C. Song, Chemicals and Materials from Coal in the 21st Century, *Fuel*, 2002, 81 (1): 15 – 30.

[112] Heyes. A. , A Proposal for the Greening of Textbook Macroeconomics: IS-LM-EE, *Ecological Economics*, 2000, 32 (2): 1 – 8.

［113］ Holling. S. , *Adaptive Environmental Assessment and Management*, Blackburn Press, Caldwell, NJ, 1978.

［114］ Miebaka Aprioku, Territorial Conflicts and Urbanization in Yenagoa, Nigeria, *Applied Geography*, 2004, （24）: 323 – 338.

［115］ Jinghai Zheng, Arne Bigsten, Angang Hu, Can China's Growth Be Sustained? A Productivity Perspective, *World Development*, 2009, 37 （4）: 874 – 888.

［116］ Jürgen Drews, Strategic Trends in the Drug Industry, *Drug Discovery Today*, 2003, 8 （9）: 411 – 420.

［117］ Kristina Blennow, Johannes Persson, Climate change: Motivation for Taking Measure to Adapt, *Global Environmental Change*, 2009, 19 （1）: 100 – 104.

［118］ Khadige Hassanlou, Mohammad Fathian, Peyman Akhavan, et al. , Information Technology Policy Trends in the World, *Technology in Society*, 2009, 31 （2）: 125 – 132.

［119］ Kechang Xie, Wenying Li, Wei Zhao, Coal Chemical Industry and Its Sustainable Development in China, *Energy*, 2010, 35 （1）: 4349 – 4355.

［120］ Li Jingjing, Zhuang Xing, Pat DeLaquil, et al. , Biomass Energy in China and Its Potential, *Energy for Sustainable Development*, 2001, 5 （4）: 66 – 80.

［121］ Li Junfeng, Hu Runqing, Song Yanqin, et al. , Assessment of Sustainable Energy Potential of Non-plantation Biomass Resources in China, *Biomass and Bioenergy*, 2005, 29 （3）: 167 – 177.

［122］ Lenzen M. , Murray S. A. , Modified Ecological Footprint Method and Its Application to Australia, *Ecological Economics*, 2001, 37 （3）, 229 – 255.

［123］ Lenzen M. , Dey C. J. , Economic, Energy and Greenhouse Emissions Impacts of Some Consumer Choice, Technology and Government Outlay Options, *Energy Economics*, 2002, 24 （2）: 377 – 403.

［124］ L. Venkatachalam, Environmental Economics and Ecological Economics: Where They Can Converge? *Ecological Economics*, 2007, 61 (2): 550 – 558.

［125］ Murray R. Millson, David Wilemon, Driving New Product Success in the Electrical Equipment Manufacturing Industry, *Technovation*, 2006, 26 (11): 1268 – 1286.

［126］ Michael Peneder, Industrial Structure and Aggregate Growth, *Structural Change and Economic Dynamics*, 2003, 14 (4): 427 – 448.

［127］ Ozay Mehmet, Employment Creation and Green Development Strategy, *Ecological Economics*, 1995, 15 (1): 11 – 19.

［128］ Pei Han, China's Growing Biomedical Industry, *Biologicals*, 2009, 37 (3): 169 – 172.

［129］ Philippe Jean-Baptiste, René Ducroux, Energy Policy and Climate Change, *Energy Policy*, 2003, 31 (2): 155 – 166.

［130］ Philip Andrews-Speed, Stephen Dow, Reform of China's Electric Power Industry Challenges Facing the Government, *Energy Policy*, 2000, 28 (5): 335 – 347.

［131］ Song Hui, Wei Xiaoping, Market Characteristics of New Energy Supply in China, *Procedia Earth and Planetary Science*, 2009, 1 (1): 1712 – 1716.

［132］ Shilong Piao, Jingyun Fang, Philippe Ciais, et al. , The Carbon Balance of Terrestrial Ecosystems in China, *Nature*, 2009, 45 (8): 1009 – 1013.

［133］ Syrquin, M. , Chenery, H. B. , Three Decades of Industrialization, *The World Bank Economic Reviews*, 1989, 23 (3): 152 – 153.

［134］ Sato Yasuhiro, Yamamoto Kazuhiro, Population Concentration, Urbanization, and Demographic Transition, *Journal of Urban Economics*, 2005, 58 (3): 45 – 61.

［135］ Thomas M. Selden, Daqing Song, Environmental Quality and Development:

Is There a Kuznets Curve for Air Pollution Emissions, *Journal of Environmental Economics and Management*, 1994, 27 (2): 56 – 63.

[136] United Nations Development Programme (UNDP), Stockholm Environment Institute, *China Human Development Report* 2002: *Making Green Development a Choice*, Oxford University Press, 2002.

[137] Vernon Henderson, The Urbanization Process and Economic Growth: The So-What Question, *Journal of Economic Growth*, 2003, 32 (8): 47 – 71.

[138] Yohannes G. Hailu, Growth Equilibrium Modeling of Urban Sprawl on Agricultural Lands in West Virginia, A Dissertation for Degree of Master in West Virginia University, 2002: 45 – 90.

图书在版编目（CIP）数据

中国北方沿海地区生态经济区划研究/刘佳骏著.—北京：社会
科学文献出版社，2015.6
　ISBN 978 - 7 - 5097 - 7292 - 8

　Ⅰ.①中…　Ⅱ.①刘…　Ⅲ.①沿海经济 – 生态经济 – 经济区划 –
研究 – 中国　Ⅳ.①F127

　中国版本图书馆 CIP 数据核字（2015）第 063324 号

中国北方沿海地区生态经济区划研究

著　　者 / 刘佳骏

出 版 人 / 谢寿光
项目统筹 / 恽　薇
责任编辑 / 林　尧

出　　版 / 社会科学文献出版社·经济与管理出版分社（010）59367226
　　　　　　地址：北京市北三环中路甲29号院华龙大厦　邮编：100029
　　　　　　网址：www.ssap.com.cn
发　　行 / 市场营销中心（010）59367081　59367090
　　　　　　读者服务中心（010）59367028
印　　装 / 三河市东方印刷有限公司

规　　格 / 开　本：787mm × 1092mm　1/16
　　　　　　印　张：13.5　字　数：215千字
版　　次 / 2015 年 6 月第 1 版　2015 年 6 月第 1 次印刷
书　　号 / ISBN 978 - 7 - 5097 - 7292 - 8
定　　价 / 59.00 元